U0112898

谋定天下系列

谋定中原
唐朝开国奇谋

姜若木 编著

台海出版社

图书在版编目（CIP）数据

谋定中原：唐朝开国奇谋 / 姜若木编著 · –北京：
台海出版社，2013.7

ISBN 978-7-5168-0229-8

Ⅰ．①谋…　Ⅱ．姜…　Ⅲ．①中国历史–唐代–通
俗读物　Ⅳ．①K242.09

中国版本图书馆CIP数据核字（2013）第149860号

谋定中原：唐朝开国奇谋

编　　著：姜若木	
责任编辑：王　艳	装帧设计：候　泰
版式设计：姚　雪	责任印制：蔡　旭

出版发行：台海出版社

地　　址：北京市劲松南路1号，邮政编码：100021

电　　话：010-64041652（发行，邮购）

传　　真：010-84045799（总编室）

网　　址：www.taimeng.org.cn/thcbs/default.htm

E-mail：thcbs@126.com

经　　销：全国各地新华书店

印　　刷：北京柯蓝博泰印务有限公司

本书如有破损、缺页、装订错误，请与本社联系调换

开　　本：710×1000　1/16	
字　　数：210千字	印　　张：16.25
版　　次：2013年10月第一版	印　　次：2013年10月第一次印刷
书　　号：ISBN978-7-5168-0229-8	
定　　价：33.00元	

前　言

唐朝是中国历史上最重要的朝代之一，在文化、政治、经济、外交等方面都曾经有过辉煌的成就。历史学家黄仁宇认为：唐朝是中国继秦汉之后的第二帝国时期，也有学者认为：唐朝是中国中世纪时期的结束，是当时世界上最强大的国家。唐朝的声誉远及海外，与南亚、西亚和欧洲国家均有往来，唐朝以后海外各国多称中国人为"唐人"。

唐朝对世界的巨大影响力是不可忽视的。正因为如此，我们就更有必要先了解一下唐朝的建立和唐朝的开国始祖。

要了解唐朝的建立，就会先了解那个人才济济的时代，了解那些奇才异士：足智多谋的房玄龄、善于决断的杜如晦、战神传奇李靖等，不论哪一个都能让人如雷贯耳。而正是在这些人的辅佐下，李氏父子统领着千军万马，缔造了一个新的时代。

在建唐之后，李氏父子更是励精图治，使百姓安居乐业。史书记载：贞观年间"官吏多自清谨。制驭王公、妃主之家，大姓豪猾之伍，皆畏威屏迹，无敢侵欺细人。商旅野次，无复盗贼，囹圄常空，马牛布野，外户不闭。又频致丰稔，米斗三四钱，行旅自京师至于岭表，自山东至于沧海，皆不赍粮，取给于路。入山东村落，行客经过者，必厚加供待，或发时有赠遗。此皆古昔未有也"。

李世民曾经说过："以铜为鉴，可正衣冠；以古为鉴，可知兴替；以人为鉴，可明得失。"让我们共同走进唐朝，去体味历史的酸甜苦辣。

　　本书以时间顺序为主，辅以人物线索，从文献资料、民间传说和学术论著等多个角度，详细剖析了唐朝开国的历史事件，解读李渊和李世民的智慧和谋略，以独特的视角，洞悉大唐帝国从萌芽、发展到腾飞的过程中，所展现出的绝世风华，让读者跟随作者的文字，看清那个隋末唐初的风云并起、群雄逐鹿的时代，帮助读者感受他们当年的雄厚质朴、恢弘壮丽的岁月。

　　本书运用简洁的笔法，精炼的词汇，为读者讲述一个在新政权与旧王朝之间的谋略较量，和新王朝建立之后内部的斗争，以及新王朝的新政策是如何让天下的百姓获得一个安定满足的生活环境的。本书给读者呈现出一个精彩的谋略世界，让读者在日常生活中能够阅读和借鉴。

目　录

第一章　强强联姻，步步高升

李氏家族的荣耀最初来源于军功，靠的是手中的那把剑，但是光靠这些是不行的。在历经数次朝代的更迭后，依旧可以保持自己家族的这份荣耀，其中不容忽视的一个因素是李家的女人们。

第二章　顺时应势，起兵反隋

李渊深谙韬光养晦的存身之计，在隋炀帝百般猜忌、大杀李姓的时候保存了自己的实力。之后任太原太守的时候又暗中积蓄力量，终于在隋大业十年（公元617年），看准时机，杀高君雅、王威，从太原起兵。至此，李渊开始了结束割据势力、统一全国的大业。

第三章　礼贤下士，能者归附

俗话说："一个篱笆三个桩，一个好汉三个帮。"红花虽好但还是需要绿叶相扶，一个人的力量总是有限的，众人拾柴火焰高，李氏父子就是明白这个道理，所以才不惜一切笼络人才。

第四章　父子联手，灭隋建唐

李氏父子在晋阳起兵之后，李渊就以长子李建成为陇西公，左领军大都督，统左三军。而李世民为敦煌公，右领军都督，统右三军。之后，南攻霍邑，西渡黄河。攻克长安后，立隋炀帝孙代王杨侑为帝，改元义宁，是为恭帝。公元618年三月，隋炀帝被杀，五月，李渊即位，改国号唐。

第五章　扫平敌手，一统天下

李渊在长安称帝之后，立即引起了当时各地造反王们的注意，而这些人也是李氏父子的心口大石，卧榻之侧岂容他人鼾睡，所以，李渊派李世民征讨四方，剿灭各路起义军。

第六章　兄弟夺位，智者无敌

　　皇位继承在古代社会一直是斗争的焦点，李世民也不例外。在皇权至上的时代中，李世民始终明白：这是一场你死我活的斗争，不想坐以待毙，就必须先发制人。

谋定中原

唐朝开国奇谋

第七章　励精图治，国富民安

唐基本统一全国后，为了进一步巩固统治，在政治、军事、法律、经济等方面都在隋代的基础上进行了调整和补充。

目
录

第一章
强强联姻，步步高升

　　李氏家族的荣耀最初来源于军功，靠的是手中的那把剑，但是光靠这些是不行的。在历经数次朝代的更迭后，依旧可以保持自己家族的这份荣耀，其中不容忽视的一个因素是李家的女人们。

家氏族谱，十世先人

李渊十世祖李弇，陇西人，汉朝名将李广的十四世孙。在前凉张轨的手下为武卫将军、安世亭侯，五十六岁去世。李暠追尊他为景王。

李渊九世祖李昶，字仲坚，是李弇的儿子，幼年的时候有美名，不过十八岁就去世了，有遗腹子李暠。李暠建立西凉后，追尊父亲为简王。

李渊八世祖李暠，字玄盛，小字长生，汉族，陇西成纪人，十六国时期西凉的建立者。自称是西汉将领李广之后，李氏先祖自汉代移居狄道，世为西州大姓（即陇西李氏），唐朝皇室李氏和诗人李白、李商隐亦称李暠为其先祖。北凉神玺元年（公元397年），段业自称凉州牧，以李暠为效谷县令，后又升敦煌太守。北凉天玺二年（公元400年），李暠自称大将军、护羌校尉、秦凉二州牧、凉公，改元庚子，以敦煌为都城，疆域广及西域。公元405年，改元建初，遣使奉表于晋，并迁都酒泉，与北凉长期争战。李暠本人喜好读书，因此在位时注重文化教育，境内文风颇盛。建初十三年（公元417年），李暠过世，谥武昭王，庙号太祖。

李渊七世祖李歆，字士业，小字桐椎，汉族，陇西成纪人，十六国时期西凉国的君主，为西凉建立者李暠之子，也是李暠的次子。李暠过世后，李歆被部下拥护为大都督、大将军、凉公、凉州牧，改元嘉兴。李歆在位时，继承其父称臣于东晋的政策，因此东晋封其为酒泉公。李歆用刑颇严，又喜欢建筑宫殿，臣属多有劝谏，然而李歆并不能接纳。嘉兴四年（公元420年），北凉佯攻西秦以诱西凉，李歆因此出兵攻击，战败被杀。

李渊六世祖李重耳，是北魏的弘农太守。

李渊高祖父李熙，是金门镇将，领豪杰镇守武川，妻为宣献皇后张氏。李渊登位后，他被尊为宣简公，咸亨五年（公元674年）八月十五，唐高宗追尊李熙为皇帝，庙号唐献祖，谥号宣帝。

李渊曾祖父李天锡，是北魏的幢主，被封为司空，妻为光懿皇后贾氏。李渊登位后，他被尊为懿王，咸亨五年（公元674年）八月十五，唐高宗追尊李天锡为皇帝，庙号唐懿祖，谥号光帝。

李渊祖父李虎，陇西郡人，乃西魏时代权臣，官至左仆射，妻为景烈皇后梁氏。西魏时代李虎被封为"西魏八大柱国"之一，为陇西郡公，同期还有宇文泰、太保李弼、大司马独孤信等人。李虎当时被北周赐姓"大野氏"。

李渊父亲李昞，南北朝时期北周人，祖籍陇西，妻为元贞皇后独孤氏。551年，李昞承袭其父为陇西郡公，公元564年，加封唐国公。曾任北周安州总管，柱国大将军。隋时继续为唐国公，死后谥唐仁公。李渊登位后，他被尊为皇帝，庙号唐世祖，谥号元帝。

重视门第，强强联合

李渊在隋末的风云突变中，能够迅速崛起，看上去似乎是一种历史的偶然，但纵观李渊的人生历程，就会发现他的一生都在为那一刻的胜利做着积累，甚至可以追溯到他的父亲与祖父。经过几代人的积累，李渊的势力、能力都得到了保障，当风云到来之后，便立刻幻化为龙。

在史料中有记载的李渊祖辈，是从其祖父李虎开始的。李虎生活的时代是后魏时期，到了北周武帝时期，李家的荣华富贵一分不减。就是到了李渊时期，也依旧世袭了唐国公的封号，从北周武帝一直到隋朝文帝和炀帝，李家在朝中都居于十分重要的位置。

如果说李家的荣耀最初得于军功，靠的是手中的那把剑，那么历经数次朝代的更迭，依旧可以保持这份荣耀，其中的功臣少不了李家的女人们。

李虎为自己的儿子李昞所娶的夫人，是后魏独孤信的四女儿。独孤信一生有七个女儿，有三个做了皇后，不得不说这是个奇迹。大女儿嫁给了宇文泰的儿子，后成为北周明敬皇后，她就是李渊的大姨妈，李家也因此继续保住了风光无限的荣耀。

隋朝取代了北周，杨忠的儿子杨坚成为隋文帝，他所娶的正是独孤信的第七个女儿，也就是说隋朝第一个皇后是李渊的七姨妈，李家得享荣华富贵也就成了情理之中的事了。

等到李渊称帝后，追尊其父亲李昞为唐世祖元皇帝，其母为元贞皇后，成为独孤家的第三位皇后。后魏"八柱国"的几位名臣，虽然独孤信并没有称帝，但他一直做着皇帝的老丈人，而李渊更是在这种姻亲关系中深受其益。

李渊的父亲李昞早死，因此他七岁便继承了唐国公的封号。偌大一个家族，七岁的唐国公靠的全是自己的母亲及其姻亲在辅助。因此李渊长大之后，他对于这种姻亲带来的好处非常清楚，通过结姻亲，不仅可以提升自己的政治地位，更可以保证这种政治地位的长盛不衰。于是通过与母亲的商议、比较之后，他为自己选择了一位出身名门、对自己的事业绝对有帮助的女子——后周窦氏。

窦氏家族在当时绝对属于望族，她的父亲窦毅被封为神武公，她的母亲是北周武帝的姐姐襄阳长公主，她的舅舅北周武帝宇文邕对她非常宠爱，将她接到宫中抚育，常常随侍在左右。等窦氏到了出阁的年龄，周武帝便对窦毅说："你这个女儿天资聪颖，才貌不凡，将来一定要给她选择一位有前途的夫婿，才不会委屈了她。"

对这一点，窦毅心里也非常明白，向女儿求亲的名门望族几乎快把家里的门槛都踏破了，但那些名门望族家的孩子大多是只靠父辈荫护、贪图眼前富贵、胸无大志、不求上进的纨绔子弟，窦毅也压根瞧不起这些人。因此，如何选择一位年少有为并且有前途的青年做自己未来的女婿，成了他最挠头的事情。

这一天，窦毅正在前厅里为这事和夫人商议，忽然听到有人禀报说："唐国公求见。"

窦夫人说："唐国公？莫不是李昞的儿子？"

窦毅说："正是他，他本没什么军功，只是世袭唐国公，靠着他的姨母是当朝太后，所以才保有现在的荣华富贵。"

窦夫人说："这李家虽然没什么本事，但是裙带却挺长，你切莫怠慢了。"

窦毅说："我平日和唐国公府上并没有多少来往，他此行莫非是来求亲的？"

窦夫人摇摇头，说："求亲哪儿能自己上门呢？"

正在说着，只见一个倜傥青年大步走了进来，抱拳施礼，声若洪钟。

窦毅把这个英俊潇洒的年轻人上下打量一番之后，忙请他坐下，对他说："唐国公此来不知所为何事？"

只见李渊气定神闲，对窦毅说："窦公，我此来是拜会一下您，另外有件东西想请您上奉给皇上。"

窦毅奇怪地说："哦？有什么东西我能为你代劳呢？"

李渊站起身来，双手奉上了一份奏章："我连日来观察军务、国情，伏案夜书，草就了治国十策，其中包括整顿军队、安抚边防、减赋降税、与民生息等十条策略。希望窦公可以代我面呈皇上，以表李渊为皇上分忧的决心。"

窦毅说："唐国公位极荣耀，又与当朝皇帝是表亲，为什么不自己去呈上，却要找我呢？"

李渊叹口气，说："窦公有所不知，我虽然世袭了父亲的爵位，但是这爵位并不是靠自己的能力争取来的，因此心中常存羞愧，我虽有意戍守边防，保家卫国，纵使马革裹尸也不会有什么遗憾，但家有老母，不忍让我远行，因此只能在母亲身边侍奉。但我李渊并不是靠着祖荫就逍遥度日之人，报效国家是我辈之责任，无奈现在我只是一个'千牛备身'（官名），在皇帝身边执掌御制宝刀，虽然看上去荣耀，却没有资格进谏，也不会被皇帝重视。所以，才将殚精竭虑写就的'十策'献给窦公，希望能通过您，将我一番报国之心面交圣上。"

李渊一席话说得情真意切，不仅暗示自己是一个不甘于蒙受祖荫的有志青年，更对位高权重的窦毅表达了自己的尊敬和依附之情，同时也展示了自己侍奉寡母的孝心和夜读不辍的奋发精神。窦毅听完，也忍不住捋须赞叹，他点点头，微笑着说："'千牛备身'这一官职本来是给世家子弟的一个荣耀职位，但是看来确实是委屈唐国公这种有志之人了。你大可放心，我一定将你这份奏折呈给皇上。"

李渊拜谢告退，窦夫人看他走远，从屏风后出来问窦毅："他不是来提亲的吗？为什么一句都没有说亲事？"

窦毅微笑着说："他可不是来提亲的，这个年轻人心怀国家，怎么会被这种小儿女的事情所纠缠呢？"

窦夫人奇怪地说："刚才你说起他还是一副看不起的样子，现在怎么这样大加赞赏？"

李渊

窦毅说："他本就生在官家，这不是他能左右的，难得的是这个人不满足于这些，力求上进，是个难得的有志青年啊！"

虽然窦夫人很奇怪，但窦毅也不多加解释。他带着李渊的奏章进宫求见北周武帝，北周武帝看过奏章之后，连连点头，说："李渊在大堂上侍奉，虽然并不曾进谏，但是显然他留心政事，听了大臣们商讨时候的很多计策，自己也勤加思索。这十条策略均出自民情，有很多可取之处啊！”

窦毅说：“臣听他说了说，也觉得这个人很有头脑。只是他也可以自己来拜见圣上，不知道为什么却要托我转交？”

北周武帝宇文邕略一思索，便笑着说：“您难道没发现，他是冲着您的女儿而去的吗？”

窦毅摇摇头，说：“他来我府上的时候，表明了志向，说不愿依靠祖荫，有意效力边防，但不忍丢下年迈的母亲才不能成行，但丝毫没有说要提亲啊？”

宇文邕说：“他在这个关头专门来找你，就是想表明自己的志向，引起你的注意。不过，我看他容貌英伟，器宇轩昂，日后定能有所作为，将女儿许给他也是一件好事。”

窦毅回到府上，和夫人商量了一下之后，决定先试探李渊一番。于是派人去唐国公府上，向李渊的母亲表明了想要结亲的意向。李渊的母亲分外高兴，急忙叫来李渊，告知他这件喜事。但李渊却说：“虽然我亲自去了窦公府上，让他了解到我是一个什么样的人，让他知道我不同于那些纨绔子弟，但是他这么快就来向您表明结亲的意向，似乎还太早了。您可以让使者回去告诉窦公：李渊不建功业，不娶妻室。纵使要娶，也是凭真本事。”

使者将李渊的话带回给窦毅，窦夫人一听大怒，但窦毅反而大喜。窦夫人忙问他：“这李渊小儿，自视太高。你怎么反而这么高兴呢？”

窦毅说：“现在朝中想要跟我结亲的，无非是看重了我位高权重，又是皇亲，他们一个个是想靠我来取得更多的荣华富贵。只有这个李渊，志向远大不说，我主动表示愿意与之结秦晋之好，他却还拒绝，看来他真的是无意于此，这样的人才值得将女儿托付给他啊！”

窦夫人听他说得有道理，便问：“但是他现在无意娶妻，这可如何是好？”

窦毅说：“他说要娶也要凭真本事，听说他骑射超群，那我就立一个擂台，让他凭本事来娶。”

不几日，窦毅府上设下擂台，在门屏上画了一只惟妙惟肖的孔雀，只要有人能射中孔雀的眼睛，便将女儿许配给他。李渊不负众望，连发两箭，各中一目，终于成就“雀屏中选”佳话，抱得美人归。

李渊娶窦氏可以说是他人生前半段最成功的一次决策，窦氏不仅贤于家庭，更对时事有着敏锐的观察，帮助李渊不断升迁。史载隋炀帝对李渊猜忌时，窦氏帮助李渊躲过数次凶险；不仅如此，窦氏为李渊所生的四个儿子：建成、世民、玄霸、元吉，个个都是人中龙，帮助李渊建立了非凡的功业。

步步高升，暗中壮大

杨坚受禅而废北周，建立隋朝，李渊的姨妈独孤氏成了独孤皇后。

虽然有姨妈的特别关爱，但李渊在隋文帝的时候地位并不是特别显赫，仅仅是先后受封为千牛备身和谯州、陇州、岐州的刺史，并没有多大的实权。

隋炀帝杨广即位后，作为杨广表兄弟的李渊逐渐得到重用，慢慢的手中也有了实权。刚开始，李渊被任命为荥阳、楼烦二郡太守，不久又被任命为殿内少监。

隋大业九年（公元613年），隋炀帝征伐高句丽。李渊受命在怀远镇督运隋朝远征军的粮草。俗话说得好："兵马未动，粮草先行。"历来行军打仗，粮草的接济、保护都是非常重要的任务。隋炀帝把这样一件关系着隋军安危的使命交给李渊，表明李渊在他心目中的地位还是不同一般的。虽然这种信任有一部分是出于对亲戚的信任，但也说明了李渊的实际能力。就这样，李渊逐渐在隋朝政权中占据了不可低估的地位。

隋炀帝接连征兵进攻高句丽，并且修筑大兴城，致使国力空虚，百姓苦不堪言，怨声载道，民众的厌战情绪越来越强烈，各地民众纷纷起义反抗。

与此同时，开国重臣、已故相国杨素之子礼部尚书杨玄感利用民心思变、天下大乱的形势，起兵反隋，大军直向东都洛阳逼来。

李渊事先觉察到杨玄感要举旗造反，于是马上派人带着紧急文书去报告远在辽东的隋炀帝。

隋炀帝得到这个消息，慌忙草草收兵，班师回朝，同时命令李渊为弘化留守，指挥潼关以西各郡的兵马，抵抗杨玄感的进攻。

不久，杨玄感在隋朝大军的团团围攻之下，兵败身死，而李渊就留守在弘化郡了。在此期间李渊广树恩德，结交江湖豪杰，一向疑心病非常重的隋炀帝知道了这些事情，对李渊便有了猜忌之心。

隋炀帝不放心，就派人让李渊来见他，恰好李渊重病缠身，没有前去。李渊有一个外甥女王氏是隋炀帝的妃子，隋炀帝问王氏："你的舅舅为什么迟迟不来见我？"王氏告诉他说，舅舅病了，所以不能前来拜见皇上。隋炀帝听了这话，心情更加恶劣了，甩出了一句话："他死了没有？"

王氏听完心中大惊，一时心乱如麻，不知如何反应，只好僵在那里，一声不响。隋炀帝倒也没有难为她，说完就走了。王氏知道此事非同小可，随后便把事情的本末告诉了在弘化留守的李渊。

李渊得知此事，大吃一惊，深悔平时太过招摇，如果再这样下去，一定得被隋帝猜忌诛杀不可。心气浮躁何以成大事？于是李渊开始故意毁坏自己的形象，他不仅酗酒，而且还收受贿赂，也正因为如此，他才逃过了这一劫。

隋大业十一年（公元615年），隋炀帝下旨，任命卫尉少卿李渊为山西、河东慰抚大使，承担该地区郡县选拔、抽调的文武官员的升迁贬谪的工作，还负责调集河东的隋军去镇压起义的农民军。

李渊领命，携带家眷往河东任所而来。当他们到达龙门的时候，遭到母端儿率领的数千名农民起义军的狙击。李渊率军击溃了母端儿部，并连续打败另外两支势力敬盘陀、柴保昌部，收服数万人，声威更加强劲。

隋大业十二年（公元616年），李渊被任命为右骁卫将军，调任为太原道安抚大使。战功得到了奖赏，图霸天下的力量也在集聚。

隋大业十三年（公元617年），李渊被任命为太原留守，郡丞为王威，副将为武牙郎将高君雅。任命一到，李渊对二儿子李世民说："唐固吾国，太原即其地焉。今我来斯，是为天与。与而不取，祸将斯及。然历山飞不破，突厥不和，无以经邦济世也。"

太原是隋朝军事重镇，兵源充足，粮草丰沛，府库储粮可耐久战。能够在离乱变迁的时候把持这样一块兵家宝地，李渊必定有正中下怀，幸甚至哉的畅快！李渊的部下温彦弘在他写的《大唐创业起居注》中这样描述李渊得镇太原的心态："帝以太原黎庶，陶唐旧民，奉使安抚，不逾本封，因私喜此行，以为天授。所经之处，示以宽仁贤智，归心有如影响。"

隋炀帝杨广非常依恋江都，多次巡游，有很多大臣劝他北还，他都不听。这对据守太原的李渊来说，无疑又助上了一臂。李渊利用昏君远游的便利条件，乘机扩充自己的实力。于是，"历山飞"起义军首先遭遇到李渊的攻击。

"历山飞"是太原郡附近的一支农民起义军王须拔部的手下大将魏刀儿的自号。王须拔自称漫天王，定国号为燕。起义军结营驻扎在太原郡南部，数量达十多万之众，一时间截断了上党郡、西河郡的内外联系，声威震于隋朝。

"历山飞"巧于攻城，作战非常勇猛。他们先向南边的上党郡进攻，打败了隋将慕容罗睺的军队；然后于隋大业十二年（公元616年）四月派部将甄翟儿率领十万大军攻打太原，隋将潘长文兵败身亡。李渊任太原留守后，即率领郡丞王威等人和太原郡以及从河东郡带来的兵马，前去镇压连战连捷的"历山飞"。两军在河西郡雀鼠谷口（在今山西省灵石县境内）相遇。当时，"历山飞"起义军有两万多人出战，而李渊所率部众只有五六千而已。

"历山飞"起义军列阵直向隋军逼来，十里之间，首尾相连，阵容十分强大。李渊当即将所率兵马分为两阵，把老弱残兵放在最中央，让他们多多地打出大旗来，并拖拽各种辎重物资行进，同时大肆吹响军号，以此迷惑"历山飞"，让他们以为隋军主力就在此处；另外又选出精锐骑兵数百骑，分成两个小队，安置在假主力的两翼。隋军上下，没有人明白李渊的葫芦里装的是什么药，不过既然主帅要这么干，总有他的道理。因为作将帅的不能随便下命令，他的一举一动都关系着千百人的生命甚至一个国家、一个民族的生死存亡，所以，孙子说得好："兵者，国之大事，死生之地，存亡之道，不可不察也。"

李渊命令王威率领虚假的主力为前锋，大张旗鼓地迎向"历山飞"军。"历山飞"军以为王威所率部就是李渊的主力，当即派出精锐兵力冲杀而来！

隋炀帝杨广

王威见了这种杀人饮血的酷烈阵仗，吓得从马上摔了下来，幸得随从相救。

"历山飞"冲到阵前，见是大批的作战物资，不知是计，蜂拥而上。这个时候李渊下达了命令：两翼进攻！

李渊亲自率两支骑兵对"历山飞"军众进行交叉射击。仆尸无数，血流成河。"历山飞"大乱而退，李渊乘胜追击，所向披靡，直达"历山飞"腹地纵深。此次战役，李渊招降"历山飞"部属男女老少数万人，从根本上铲除了这支起义军的势力根基。

消灭了"历山飞"，李渊转而对付北面威胁太原郡的突厥人。

隋大业十一年（公元615年），李渊任太原道安抚大使时，曾会同马邑太守王仁恭率军屡败突厥人，使之深为忌惮。如今李渊留守太原，王仁恭独留马邑郡，孤立无援，因此突厥骑兵频频进犯马邑郡，隋朝边关将士深以为患。

李渊派太原副留守高君雅率领兵马前去援助王仁恭，但却屡战屡败，突厥人更加猖狂了。

远在江都的隋炀帝得知此事，游兴大败，于是他火速派人到北面来杀掉王仁恭，逮捕李渊，并押往江都治罪。

当时天下大乱，许多贵族巨户拥兵自重，割据一方，致使交通断绝。隋炀帝派到各地抓叛捕盗的兵马多数难以行进，来往传递信件的使者也不能安全通过，而唯独这次却是畅通无阻，使者在夜晚到达太原郡任所晋阳城。这天晚上，温彦将到城西门楼上去睡觉，刚好看到抵达城下的隋炀帝使者，马上报告了他的哥哥温彦弘，温彦弘急忙向李渊的住处赶去。

李渊当时刚刚睡下，听说隋炀帝的使者到了，大惊而起。李世民闻讯也赶到了父亲的身边。

听了温彦弘的报告，李渊对二儿子李世民说："上天派这些人来催促我，看来我必须见机行事了。我之所以没有提早起兵，是因为你的兄弟们还没有回来，现在我即将遭遇横死，你们兄弟几个一定要齐心合力，举兵图存，不要和我一起遭受满门抄斩的祸事，家破人亡！"

从这句话可以看出，李渊早已有反隋之心，之所以没有正式打出大旗来，一方面如他所说，是因为他的家属大多在河东郡；还有一方面是他需要一段时间来巩固太原这块基地，不能像杨玄感之流，草草起兵而终为隋军所败。

王夫之曾评论李渊："高祖意念之深，诚不可及也。"

之后不久，隋炀帝的第二批使者来到，赦免了李渊和王仁恭的罪过，依旧让他们担任原来的官职。

这次险遭拘捕事件使得李渊加快了举兵起事的准备。他命令长子李建成在河东郡广结英雄豪杰，命令次子李世民在晋阳城秘密招揽有才能的朋友。经常广施钱财，接济贫困；广泛结交各种朋友，不管出身高低贵贱，也不管是商贩还是赌徒，只要有一技之长，都收罗门下。一时间李氏父子身边是人才济济。

经过父子三人的努力，李渊麾下网罗了大批能人，史书记载比较有名的就有：刘文静、刘弘基、殷开山、刘政会、温彦弘、唐俭、武士彟、王长阶、权弘寿、姜宝谊、长孙顺德、杨毛、窦琮等。这些人为李渊建唐立下了汗马功劳。

大将已有，兵马已足，李渊感到起兵的时机已经到了。这时太原郡四周郡县几乎全被反隋的贵族军队、农民起义军占领，李渊现在最需要的是一个正式兴兵的借口。

第一章

强强联姻，步步高升

第二章
顺时应势，起兵反隋

　　李渊深谙韬光养晦的存身之计，在隋炀帝百般猜忌、大杀李姓的时候保存了自己的实力。之后任太原太守的时候又暗中积蓄力量，终于在隋大业十三年（公元617年），看准时机，杀高君雅、王威，从太原起兵。至此，李渊开始了结束割据势力、统一全国的大业。

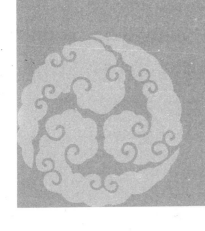

兵不厌诈，雁门勤王

隋炀帝通过弑父杀兄获得皇位之后的一段时间内，延续了文帝的政策，还算得上是清明。虽然他后来日渐残暴，浪费民力，引起民怨沸腾，但在军中还是有一定威信的。这一点在隋大业十一年（公元615年）八月的雁门关事件中得到了充分体现，这一事件中最为闪亮的人物便是李世民。李世民通过这一事件正式出现在历史政治舞台上，并且用自己的智谋一亮相便换来了满堂喝彩。

三月，隋炀帝心血来潮，对属下的内史侍郎萧瑀说："朕感无聊，莫不如率众臣出宫去巡视一下大好山河，顺便游玩？"萧瑀本来想要阻止一下，但是左翊卫大将军宇文述悄悄摇了摇头。

杨广是一个喜欢玩的主子，他的玩心一起，任凭天塌都无所谓。所以宇文述、萧瑀等人，连同宰相苏威也没有办法，只有领旨倾巢而出，游山玩水去了。

可是杨广的游玩队伍来到雁门关的时候，却遭遇了突厥始毕可汗的攻击。

突厥与隋朝有姻亲关系，隋文帝曾经将义成公主嫁给他，希望通过结亲来换取边疆的安宁。可是自从隋炀帝继位以来，数次与突厥交恶，甚至杀过始毕可汗最为看重的使臣，因此结怨已久。这一次隋炀帝来到雁门关，在丝毫没有防备的情况下，被始毕可汗带着的数十万强悍的突厥大军包围，一时间搞得手足无措。

在议事厅里，杨广抱着自己七岁的儿子杨杲双目无神地看着门外，听着耳畔宰相苏威的报告："现在城里的守军大概有十万人，但是粮草只够二十天，一旦粮草断了，我们可就无处去了。"

这时左翊卫大将军宇文述说："陛下，看现在的情形，只有发出诏令，让各地的军队赶紧勤王救驾了！"

杨广无奈地点点头，说："看来只有这么办了！"

李渊接到了使者传递的诏令后眉头紧锁，因为此时隋炀帝被困，已经有属下强烈建议他乘机起兵反隋了，李渊虽然有这个心思，但认为现在还不是时候。他对站在身后的李世民说："这一次勤王，各地的军队也许不会那么积极，但是你万万不可懈怠，现在我就命你带上军马，前去和左屯卫将军云定兴会合，一起直奔雁门关救驾！"

李世民当时虽然只有十六岁，但他一直向往有一天可以上战场杀敌，这是他第一次领命上战场，他抑制住内心的激动，拜别父亲策马直奔军营。但是，在和云定兴会合之后，李世民发现了一个问题，部队虽然一天天朝着雁门关赶，可总是不紧不慢。他深感疑惑，就去找主将云定兴一问究竟。

云定兴看着眼前这个年轻人，忍不住笑了笑说："年轻人，那么着急做什么？迟到一两天，不会出事的。"

初出茅庐的李世民看不透这些官场老将的心思，只好一直跟着。等到部队终于到了雁门关，一看突厥那壁垒森严的军营，云定兴也开始头疼了。

每一次隋炀帝发出的号令，虽然将士们不得不听从，但是多有埋怨，因为杨广每回发出的号令都是万分紧急，可是完成任务之后所许诺的奖赏却从未到位过，这导致很多人越来越懈怠了。云定兴作为主将虽然心里也有怨言，但还是带着部队远远赶来救驾，可当他看到这些彪悍的突厥铁骑，也不由得倒抽一口气，因为对于如何破敌，他一点办法都没有。

云定兴问帐下的各位战将："大家有什么破敌良策吗？"

大家都低头不语，一个个盘算着等其他勤王的军队来了，大家一起合计，反正立功也没有什么赏。

只有年轻的李世民踊跃地说："属下连日来观察敌营，已经有一良策，愿献于将军！"

云定兴忙问："什么良策，快说来听听。"

李世民说："这几天，我们的军队已经驻扎在了雁门关外，但是突厥军队似乎不为所动，看来他们是不把我们放在眼里。这主要是因为我们只有十万人，而突厥却有数十万之众，所以他们丝毫不惧怕。要等到其他勤王的部队来，恐怕皇上会在城里等得焦急。所以，我的计策就是里应外合、疑兵制敌！"

说着，李世民将自己的想法一一呈现。诸将虽然久经沙场，也纷纷赞叹是条妙计。云定兴便下令执行，让李世民带着大量军马开始部署。

李世民来到军营外，将人马分作三批：第一批带着军马战旗，每天虽然不用去战斗，却要不停地在营地外面来回奔跑，使得尘土飞扬，目的是为了让敌军看不清楚隋军到底有多少人，而且奔跑的范围每天都要扩大一里地，让突厥以为隋军每天都有援军到来；第二批人马负责带着军旗深入山林，将隋军的大旗插遍每一个山头；第三批人马则不分白天黑夜击鼓，鼓舞士气，恐吓敌人。与此同时，李世民将驻扎的军营修整为条形，一字摆开，更加让不明就里的突厥兵以为隋军人多势众。

云定兴骑着马在营地里巡视一圈之后，问李世民："这样做有用吗？"

李世民说："将军尽管放心，据我了解，始毕可汗是一个很多疑的人，这疑兵之计必然让他军心动摇，而且属下还有其他妙策。"

在布置好阵营之后，始毕可汗果然就收到消息，说隋军每天都有增援，看样子已经有三四十万之众了。他来到营地外一看：隋军营地绵延好几里，远处的山头上也都是旗帜飘扬、战马嘶吼，战鼓隆隆的声音不绝于耳，看样子增援的军队果然不少！看到这些，再回顾一下攻城的情况：虽然突厥善于骑射，但雁门关城防坚固，而隋军又长于坚守，所以攻城的进度似乎也没有进展。想到这些，始毕可汗不由得皱紧了眉头。

正当他绞尽脑汁思考是进是退的时候，忽然有人呈上了大阏氏的来信，这位大阏氏正是远嫁突厥的义成公主。

始毕可汗打开一看，不由得大吃一惊。原来，在自己外出征讨隋朝的时候，已经有北边的部落盯上了自己的城池，大阏氏来信正是为这件事，说有异族想要在北边起兵，已经到了剑拔弩张的地步了。

原来就已经担心隋军不断增援，现在接到这个消息，始毕可汗不敢想自己腹背受敌会是什么下场，立即下令收兵，回去救城。

这边隋军经过两天的鸣鼓摇旗，士气正高涨，眼看突厥收起了战旗想要逃跑，于是一鼓作气冲了出去，还捉了数千突厥逃兵回来。

云定兴眼见自己并没有派出一兵一卒，就将始毕可汗吓退，喜悦之情溢于言表，对李世民说："贤侄真是妙策退敌啊！只是我们的疑兵阵布了两天，为什么直到第三天突厥才忽然撤走了呢？"

李世民说："始毕可汗虽然是个多疑的人，但是突厥人都勇猛好战，他虽然知道我们的援兵在不断赶来，但依旧不死心。所以，我又在疑兵阵外加了一计。"

诸将都急忙问："什么计策，快说来听听。"

李世民说："先帝曾经将义成公主嫁给始毕可汗，这件事很多人都知道。这些年来，虽然隋与突厥交恶，但义成公主思念故国，一直都在暗中帮着我们。因此，我在布阵的同时，还让人送了一封信给她，请她写信给始毕可汗，告诉他北边有异族来犯，始毕可汗生怕自己腹背受敌，所以才会匆忙撤走。"

众人听了李世民的解释，才知道原来还有这一着，不由得对这个少年刮目相看。

隋炀帝发现突厥军队撤走，带着宇文述、苏威、萧瑀等人出城一看，是云定兴带着兵马前来勤王救驾，不由得大喜，对他说："这一次云将军救驾有功，回到长安一定要重重赏你！"

云定兴知道，隋炀帝只不过是这么一说而已，等回到长安，估计就将这个承诺忘得一干二净了，但他还是跪倒谢恩。

雁门救驾事件是李世民第一次出现在战场上，可以说是他取得的第一次胜利。这次胜利的意义，不仅在于兵不血刃就退了突厥数十万大军，更让李渊在隋炀帝杨广的眼中受到重视。李世民凭着他超人的智慧谋略，表现出了非凡的军事才干，这为后来李渊起兵提供了很好的契机，让李渊得到了一个有力的助手。

找寻生机，君臣博弈

隋炀帝杨广和李渊的关系，向来都是充满了矛盾的。一方面杨广对于这个与自己一起长大的姨表兄弟很信任，因为李渊家与他世代都有血缘关系，在数次危机中，李渊都挺身而出勤王救驾；但另一方面，李渊的宽厚仁慈以及位高权重让朝中大臣都很敬重，似乎很得人心，这让杨广有一些不放心。他想让李渊更好地为己所用，又不想让李渊对自己形成威胁。自后魏以来，李家一直都是当权的贵族，人脉关系盘根错节，即使想将李渊怎么样，也不是一时半会儿就能办好的事。

这一天，杨广又一次大宴群臣，纵情欢乐，一派歌舞升平的盛世景象。酒到酣处，杨广举起酒杯对众人说："你们看唐国公的样子，脸那么长，像不像一个阿婆啊？"

众大臣看皇帝这么说李渊，都不知如何是好，一面是皇上，一面是唐国公，两个都是不敢也不能得罪的，于是只好附和着说说笑笑。宰相苏威说："唐国公军威赫赫，就算是阿婆，也是个有功的阿婆。"

内史侍郎萧瑀说："皇上真是妙人妙语啊！"

但李渊只是讪讪地笑着，举起酒杯说："臣多谢皇上。"

杨广看他一副不急不怒的样子，心里更加生气：这个李渊城府如此之深，留在身边终究不能放心，于是对宰相苏威说："这段时间，边关战火频繁。北方为何总是这么多纷争，倒不如南方来得清净自在。"

这种不反思自己的行事作风是杨广所固有的，所以臣下也都习惯了。宇文述听他这么一说，急忙抢先一步说："陛下，现在北方战事频繁，倒不如移驾江南。那里物产丰富，而且气候温和，皇上龙体这些天来太过颠簸，在那里正好可以休养好身体，再指挥平息暴乱，天下定然太平。"

这话说到了杨广的心坎上，他龙颜大悦："这倒是个好办法。"略一沉思，他又说，"只是这一次南巡，一定要好好部署一下，不要朕一走，这里就乱了套，那也不能省心。"

苏威说："皇上英明，现在各地都有暴乱，所以重镇一定要有重将把守，才能放心。"

杨广说："上次北巡的时候，我发现太原北拒突厥、南护洛阳长安，是一个重镇，诸位觉得派谁去镇守会比较合适呢？"

苏威看看诸臣，说："臣觉得，唐国公李渊最适合。一来，他是皇上的近亲，可以信任；二来，他领兵作战的经验也丰富，万一有什么暴动，也绝对可以压得住。"

杨广听了这话，斜睨着眼看了看李渊。李渊赶紧起身拜倒，一副受宠若惊的样子说："皇上，臣愚昧，恐怕不能担此重任！"

杨广看到李渊这么惶恐，觉得有点放心。但是又忍不住仔细盯着李渊的眼睛看了半天，他觉得李渊的眼睛里总是隐藏着一些什么，明亮灵动，和脸上所带着的讪讪的笑容很不协调。

但纵观整个朝廷，除了李渊之外，杨广还真的找不出第二个人来驻守太原，为自己杜绝后顾之忧。于是，他笑呵呵地说："既然苏威这么推崇你，你又是朕的表兄，朕就封你为太原留守，为朕驻守太原。"

李渊诚惶诚恐地拜谢皇恩，他回到府邸将这件事告诉了自己的妻子窦氏，窦氏却笑了，她说："杨广现在任命你，其实是不得已而为之。你看看现在的朝中，有几个人是他信任的？而且自从杨玄感起兵以来，他对朝臣多有猜忌，现在我们可以远离长安，也算是幸运的事。"

李渊一改在朝堂上的笑容，凝重地说："正是因为他现在越来越猜忌我，所以我才更不敢轻易接受这个任命。"

第二天，杨广在园中赏花，萧瑀忽然来见，对昨天对李渊的任命提出了异议：

"现在朝中可以独守一方的武将比比皆是，老将有樊子盖、薛世雄，年轻一点的还有杨义臣等，皇上为什么要任用这个李渊呢？这些天来，外面童子们在传唱一个歌谣，'桃李子，得天下'，这个李渊不得不防！"

杨广皱着眉，他不是不想任用其他人，是其他人让他不放心！至于童谣的传唱，确实让他很头疼，"杨氏将灭，李氏将兴"的说法弄得人心惶惶，为此已经逼走一个李密了，现在又有个李渊。他忍不住暴躁地对萧瑀说："难道你要朕将他们一个个都杀掉才可以吗？"

这时萧瑀的姐姐萧皇后出来，对杨广说："皇上息怒，我哥哥这么说也是为了大隋的江山着想。那个李渊位高权重，如今再独霸一方，说起来还真的让人很不放心。"

杨广皱着眉说："他是我的姨表兄，太后和他的母亲是亲姐妹，他不会有什么异心的。"

萧瑀看杨广似乎已经不耐烦，只好直奔主题，说："皇上，既然是这样，臣倒有一计，让李渊虽然去了太原，也不会脱离皇上的掌控。"

杨广闭着眼睛等他继续说下去，萧瑀说："臣有两个心腹，都是极忠诚的人。一个是虎贲郎将王威，另一个是武牙郎将高君雅。我可以将他们安插在李渊身边，这样既可以让李渊守卫太原，又可以监视他是否有僭越行为。"

听了萧瑀这番话，杨广的眉头稍微展开了一些。

李渊接到太原留守的任命之后，准备启程从长安举家迁往太原。对于跟随在自己身旁的王威和高君雅，他似乎充满了感激，一路上不停地说着："感谢两位将军！我的才能实在有限，又不自量力接受了这个重要的留守任务，如果不是得到两位将军的辅佐，真的不知道上任之后应该怎么做。"

王威和高君雅深知自己此行的任务，所以只好笑脸相迎："唐国公谦虚了！"

李渊来到太原后，击溃了"历山飞"的农民起义军。

李渊的盛名自此在太原地区鹊起。李渊亲自书写奏章将这件事汇报给杨广，在奏章中，他丝毫不提自己带兵破敌的功劳，反而将所有的功劳都推给了王威和高君雅，这让王、高二人有些始料不及。

他们来到李渊帐中，想要问个究竟，李渊却说："两位将军功勋卓著，这都是你们应得的！如果没有两位相助，我岂能获胜。"

一番赞扬下来，王威和高君雅都深觉愧对如此仁厚的李渊。这两枚被安插在李渊身边的"棋子"，也由衷地被李渊谦让的人品所折服。他们虽然没有忘记自己的职责所在，但在一定程度上放松了对李渊的警惕。

人才宝贵，秘结豪杰

虽然逃离了长安这个是非之地，但是隋炀帝杨广的阴影却随时笼罩着远在太原的李渊父子头上。隋朝的天下已经开始四分五裂，各地烽烟竞起，其中已经发展成强大势力的便有翟让所率领的瓦岗军、窦建德所率领的河北军以及杜伏威所率领的江淮军，这三支队伍不断与隋军作战，并在战斗中发展壮大，从东、南、西三个方向对太原产生威胁。与此同时，远在北方的突厥始毕可汗也蠢蠢欲动，对太原虎视眈眈。这一切都让李渊寝食不安。

而最让他不安的，还是杨广对他的猜忌。自从李渊到了太原，手握重兵，隋炀帝杨广一方面希望李渊帮自己砍掉烦恼，另一方面也担心李渊会转向自己，夺走自己的无限江山。在这种情况下，他对李渊爱恨交加，李渊也被杨广的这种态度搞得苦恼不已。

一天，李渊在书房中来回踱步，思索着太原的安危和自己的去留。李世民忽然来到书房拜见父亲，他看到李渊紧锁的双眉和斑白的头发，忍不住说道："父亲，既然伴君如伴虎，我们为什么还要伴下去？如今杨氏无道，天下英雄纷纷举事，难道父亲就没有想过吗？"

李渊说："你不要将杨广看得太无能了，现在虽然反对他的人很多，但当年他也是雄心勃勃的。想当初，他二十岁便带领五十万大军南下进攻陈朝，部队在他的指挥下英勇作战，一举就夺得了长江天堑，真可谓所向披靡，而且对百姓秋毫无犯，天下人没有不称赞他的。"

李世民说："那他为什么变成现在这样残暴无道，置天下百姓于水火之中呢？"

李渊叹了一口气，说："他通过杀死自己兄长与父亲的方式夺得皇位，已经是大逆不道了；而且连续几次征伐失败之后，国力大损；再加上近年来战乱不断，连越国公杨素之子杨玄感都起兵反叛他，想要夺他的命，所以他才会这样猜忌大臣。"

李世民说："不管怎样，一个有道的贤君怎么能让天下百姓受罪而置之不理呢？如今我们在太原，他还是不放心，上一次他召您进京，您托病没有去，他居然对左右的人说让您死了更好！这简直太过分了。"

李世民

李渊看李世民那么激动，却只是笑而不语。李世民接着说："现在您手上有军队，我们又据守太原重镇，只要您一声令下，我们兄弟一定跟着您推翻杨广。"

李渊说："你还是年轻气盛，太过着急了。想要起兵，岂是那么简单的事。试问你的手下有几员猛将？又有几个谋臣？如果我们举事一旦失败，又有什么退路？这些问题你是否想过呢？"

李世民听了李渊的话，陷入了沉思，自己的身边，似乎只有长孙无忌、侯君集等几个好友是一直追随自己的人，要说有多少猛将、谋士，还真不多。

李渊又说："现在各路义军加起来有一百多支了，他们都打着反隋的旗号，隋朝的天下已经快到尽头了。可是你有没有想过，一旦我们推翻了隋朝，接下来该何去何从呢？"

李世民说："这还用问，当然是取而代之，让父亲您称帝！"

李渊微微一笑："你觉得凭我们现在的力量，有能力将隋朝取而代之吗？在目前发展起来的起义军中，有一些已经发展壮大了，我们的力量在其中又能排到第几呢？"

李世民听到这些问题，顿感棘手。李渊接着说："目前，不管是河北军、江淮军还是瓦岗军，他们其中任何一支，都有可能取代隋朝。但是我们和他们相比，要想完全战胜还是没有把握。再加上突厥始毕可汗依旧对隋的天下念念不忘。如果在这种情况下贸然举事，我们只是帮助义军去将隋朝推倒，减少他们的阻力，让他们更加强大，这有什么意义呢？"

李世民说："这样看来我们更应该小心谨慎，不和任何人提起这件事，更不能让皇上知道我们的野心。"

李渊点点头说："你说得对！人人都说伴君如伴虎，我现在手握重兵又被猜忌，随时都可能被杨广设计谋害。因此我们只有小心再小心，才能多一点时间来做准备。"

李世民问李渊："既然这样，父亲觉得我们应该怎么做呢？"

李渊看着眼前这个意气风发、一心想要有所作为的儿子，似乎看到了当年的自己。随着官场的磨砺，现在的李渊已经谨慎、稳重了不少，甚至会让人觉得有点畏缩。但李世民的身上却带着一股无法阻挡的锐气，也许这是上苍给自己最好的武器，让自己可以在乱世中有值得依靠信任的人。想到这些，李渊对李世民说："既然你有此大志，父亲也备感欣慰，但不可莽撞。我要你从现在开始广结英豪，要和真正有本事、有抱负的人结交朋友，让他们为我们所用，等到真正举事的那一天，我们才可能做到一呼百应。"

这一番教导在李世民的心中留下了深刻的印记，从此他不再焦躁激进，而是耐心地与各路英雄豪杰结交。通过观察，了解这些人是否有真本领，是否可以为己所用。在此期间，晋阳令刘文静、晋阳宫监裴寂，以及负罪在逃的右勋卫长孙顺德、右勋侍刘弘基、左亲卫窦琮等人都投靠了李渊，从而壮大了李渊的势力。

至此，李渊在太原的势力越来越庞大，关东的士族子弟也纷纷前来投奔。李渊都让李世民来接待安顿这些人，一方面他是想要避嫌，毕竟自己身边还有人在监视着，王威和高君雅等眼线可不是省油的灯，李渊在太原的一举一动他们都在关注，一旦有什么迹象就会立刻向长安汇报。而另一方面，李渊也希望通过这些行动来锻炼经验尚浅的李世民，让他在实践中学会和不同的人打交道，进一步发挥他的能力，等到自己真正举事的那一天，他能挥起大旗来。

无路可退，李渊起兵

李渊在太原紧锣密鼓地布置着自己的军队，可是却一直鼓不起最终的勇气举起反隋大旗。这是因为他本身属于隋朝贵族，在隋文帝时代深受皇恩，其母亲又和隋太后是亲姐妹，同时也因为李渊本人个性谨慎、

不愿冒进。所以，虽然遭到隋炀帝一次又一次的试探性要挟，但李渊还是深居不出。他的这一举动，让身边的谋士与李世民都分外着急，眼看着各路义军都发展得蓬勃顺利，唯有太原独守这一方没有动静。

当时的太原周边很不安宁，不断有小股义军骚扰，突厥人也会时不时来凑个热闹。有一次，突厥派兵到马邑地区，不仅抢夺民财，造成死伤无数，而且还不断挑衅太原驻军。杨广听说之后非常生气，他命李渊和高君雅、王威立即将其赶出隋朝边界。不幸的是，被李渊派遣去的大将居然铩羽而归。

与此同时，在李渊府内，刘文静、裴寂和李世民等人都焦急地议论着这件事会有什么结果。刘文静说："这件事会有三种可能，其一是皇上派别人来退敌，这无异是来夺太原的兵权；其二是命令留守再去北伐，这样的话我们的兵力会浪费很多；其三是让留守进京面圣，接受处罚，这一条是最凶险的，这一去要么被夺去兵权，要么皇上大开杀戒，那可就回不来了。"

刘文静说完，大家都开始沉默。这一次兵败是意料之外的事，让李渊有些措手不及。而刘文静所分析的三种可能性，每一种都对自己极其不利。正在大家想对策的时候，杨广的使节到了，宣李渊进京向皇上面述这件事。

李世民听到这个消息，不由得倒吸一口凉气，他对使节说："如今的太原很不稳定，四面都有义军来犯，这个时候我父亲离开太原面圣，实在不明智，希望我可以代父亲受过，去京师对皇上陈述这一次的战况。"

使节却面无表情地说："皇上说了，他要见的是失职的太原留守李渊，而不是二公子。请留守大人做好准备，两天后我们就启程。"

众人看着使节傲慢远去的身影，更加难过。裴寂说："这真是怕什么来什么，留守这一去，凶多吉少，我们在太原又怎么能待得住呢？"

李渊对这一突发的变故也非常头痛，但他还是安慰大家："我们还是要朝好的方面想，也许皇上只是叫我去陈述战况，受点责罚也就放我回来了。如今的太原，除了我并没有多少人是可以守的，他也许不会对我怎么样。"

这种安慰之词对于李世民的忧心起不到任何的作用。当夜，他来到李渊的书房，一句话不说就拜倒在地上，痛哭不止。李渊急忙扶起他，说："我现在还没有出发，结果如何也未可知，你怎么就开始哭了呢？"

李世民道："父亲此去，凶多吉少，孩儿难忍心中悲痛。我只有一个问题想问父亲，为什么不起兵？"

李渊无奈地摇摇头说："现在局势还不明朗，那么多义军都在争夺，我们现在起兵能有多大胜算？"

李世民激动地说："现在我们的处境已经不能用是否有胜算来判断

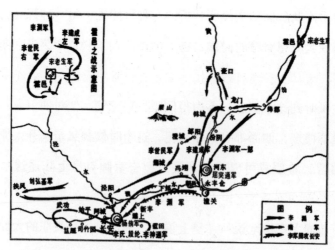

李渊进军关中、攻克长安示意图

了，如果此时不动手，父亲就要性命难保了！"

李渊说："我不能因为个人的生死，就将这么多将士拉进这个旋涡中。"

李世民见自己无论怎样劝说李渊都不听，也备感无奈。他找到裴寂，两个人惆怅对饮，李世民说："父亲宅心仁厚，又太念旧情，如此下去，特使就要带他去长安，到时候一切就晚了。"

裴寂端着酒杯，慢慢地说："看来现在要让留守下定决心举事，真的需要想想别的办法了！"

李世民急忙问："你有什么办法？"

裴寂看左右无人，悄悄在李世民的耳边说出了自己的计划。

第二天晚上，裴寂带领长孙顺德、刘弘基、唐俭等李渊的重臣，以饯行之名在晋阳宫中摆下酒席。李渊看着座下都是自己所钟爱和信任的将领，明天自己就要启程前往长安，这一去是否能平安回来还未可知，以后和大家是否再见也不知道，虽然长期以来都在积累力量，但上苍让自己在还没有准备好的时候便遭此难，看来真的是天不助我。既然如此，倒不如不醉不归了。

想到这些，李渊举起酒杯对众人说："我李渊何德何能，能得到诸位英雄的拥戴！我只求可以保这一方百姓免受战火之灾，但天不予我，我也无奈！今天这杯酒，我要和诸位一起喝个痛快。"

刘文静等纷纷举杯向李渊敬酒，李渊乐呵呵地一一回敬，李世民看在眼里，紧跟着上前，对李渊说："父亲此去，孩儿不能跟从，实在不孝，为此孩儿要自罚三杯！"说着端起酒杯豪爽地一饮而尽。李渊见状，也举起酒杯一饮而尽，父子二人相视大笑！

裴寂说："这晋阳宫本来是杨广的行宫，但是这几年战火纷飞，他已经久不来这里了。看看这金碧辉煌的宫殿，说不定哪一天也要在战火中烧焦了，真是让人慨叹英雄无用武之地啊！”

刘文静说："杨广大兴土木，广建宫殿，花费了多少民力财力，到最后却只留下这样一所空房子。现在的太原城外，已经是一片战乱，如果我们只守着这座晋阳宫，不能为百姓平乱，又被他治罪，于国无益，还要祸及自身，想要创立的功名，也早已不知道丢到哪儿去了。"

李渊听出了这两个人话中有话，他放下酒杯，慨叹说："我不能带领大家建功立业，真的愧对各位了。"

裴寂听了，忙笑着说："我等可以在乱世中追随留守，已经满足了。况且现在天下纷争，留守此去还不知会是什么结果，切莫先消减了自己的志气！"

大家一听，都说裴寂说得有道理，于是重新举起酒杯。裴寂说："这宫里还有当初为皇上准备的歌舞乐姬，每一个都是国色天香，皇上久未出现，她们也寂寞，现在莫不如叫她们出来好好舞蹈一番，为各位尽兴！"

众人借着酒兴，齐声叫好！不一会儿，便有一群歌舞乐姬出来表演，一个个千娇百媚，分外妖娆。这其中更有两名佳人是杨广在晋阳宫中最为宠幸的妃子，只见她们莲步轻移来到李渊座前，殷勤劝酒，李渊也看得赏心悦目，酒兴更浓了。

宴席一直到了夜深，诸将一个个退去，李渊已经醉得不省人事。李世民和裴寂等按照计划，将他抬进了晋阳宫中的一处宫殿歇息。

第二天快到正午，李渊的酒才慢慢醒过来。他睁开眼睛，模糊中觉得非常陌生，忙坐起来一看，自己睡在一张宽大的御床上，周围的布置奢华富丽。

李渊从床上跳起来，正在犹疑恐慌中，忽然听到门外传来裴寂的声音："留守大人起来了吗？"

李渊慌乱地穿上衣服，他已经想不起来昨晚发生了什么。不一会儿，只听见殿门被推开，一群人站在屏风外面等着李渊出去。

李渊万分羞赧，红着脸整理好衣服，走出去一看：李世民带着诸多将领谋士站在那里。看到李渊出来，李世民扑通一声跪倒在地："请父亲恕罪！"

裴寂上前说："留守大人，我们看您连日来闷闷不乐，所以想让您开心开心。"

李渊说："开心？你们就是这样让我开心的？"

裴寂乘机说："只要留守起兵，皇上又能奈你何？"

李渊一愣，裴寂接着说："现在烽烟四起，主上失德，隋朝的江山已经摇摇欲坠。再加上皇上对您生疑已久，留守如果还拘于小节，只会害了自己，也害了天下！"

李渊看看眼前的诸位将领，他知道只要自己振臂一呼，这些人一定会冲到前线，与自己一起战斗。以前还心存着一丝侥幸，希望不会触怒杨广，但是现在的情形，已经没有退路了。他长出了一口气，说："诸位，事已至此，我李渊只好举兵，与各位共建大业！"众人听到李渊这句话，全都发出了欢呼！

至此，李渊决定起兵反隋，加入到轰轰烈烈的起义队伍中。

035

第二章 顺时应势，起兵反隋

欲加之罪，何患无辞

王威、高君雅受命监督李渊，一旦发现李渊有谋逆的迹象，就要向杨广及时汇报，以便能快速掐灭这一苗头。所以，他们对于李渊的一举一动都分外留心。

一日，李渊请两位将军议事。两人匆匆忙忙来到议事厅，只见李渊坐在正中，身后站着刘文静、唐俭等人，太原守将们排成两行，分列大堂两侧。抱拳施礼之后，王威问："留守召唤属下，所为何事？"

李渊指了指桌上，对高、王两人说："两位将军，我刚接到皇上的密旨，所以请两位来一起商议。"

"密旨？"高、王疑惑地互看了一眼，李渊见此，对身后的唐俭说："把密旨给两位将军过目。"高、王二人接过一看，原来是杨广命李渊在太原招兵。高君雅说："原来是皇上命留守招兵，属下听从留守调遣。"

李渊面色凝重地说："现在各地义军竞起，皇上在长安也非常着急，已经起驾去了杭州，希望可以在那里调度军马，将反贼平定。这段时间，皇上还要东征，所以命我等在太原广为招募，扩充军力，以便随时支援。"

王威说："留守为皇上分忧，其心可鉴！可为什么我们一点消息都没有得到？"

话音刚落，只听晋阳宫监裴寂一声冷笑，说道："王将军，在太原坐第一把交椅的是留守大人，难道你觉得皇上发密旨给留守需要先让你过目？"

王威急忙说："属下不敢！留守不要误会，属下不是这个意思！"

唐俭对王威说："这本就是密旨，如果弄得天下人都知道了，就不叫密旨了。王将军是来辅佐留守的，所以只需要听命就是了，没有那么多为什么。"

王威、高君雅听了这些话，不由得变得局促起来。而李渊却笑呵呵地说："各位莫怪王将军，事出突然，将军有所担心是应该的。我相信他应该只求能给皇上分忧，并没有别的意思。"

王威急忙抱拳说："留守大人明察。"

李渊说："既然现在皇上把这个任务交给了我们，我们就应该尽心竭力去完成。从今天起，长孙顺德、刘弘基前往汾阳，唐俭、殷开山前往雁门，刘政会、段志玄在太原以东，李世民、长孙无忌在太原以西，四方招募兵勇。高、王二位将军与本留守一起，在太原城镇守，为保我大隋江山，甄选精兵强将！"

众人齐声领命，各自散去。高君雅和王威两人虽然满腹疑惑，但也只好退下，随着李渊到军营中查点人数，操练兵勇。

一天，高、王二人巡视军营，发现军营扩充了不少。王威说："这几天以来，李渊不断四处征兵，太原的军力可是不断增长。"

高君雅说："皇上有旨，我们也没有办法。现在各地都有义军，皇上还想东征，可不是得需要大量的兵马？"

但是王威似乎并不这么想，他说："按道理来说，现在征兵已经不算什么秘密的事，皇上要搞出密旨来办这件事，实在让人疑惑。"

高君雅依旧不以为然地说："王将军就不要疑惑了，我们的责任就是盯住李渊，让他不敢谋反，其他的，就随皇上去吧。"

两人你一言我一语边议边行，忽然身边走过一队士兵，正在说什么"长孙顺德统军"，王威一把抓住一个士兵问："你刚才说什么统军？"

那士兵被吓了一跳："禀将军，长孙顺德刚刚被任命为统军了，我们这是要赶去听调度。"

王威对高君雅说："你听到了吗？长孙顺德被任命为统军了。"

高君雅大惑不解地说："这个人不是从长安逃出来的吗？为什么李渊要这么重用他？难道是军中无人了？"

王威说："军中无人？这段时间以来，唐俭、长孙顺德、刘弘基等人都聚在李渊的旗下，还有那个晋阳宫监裴寂，也时常和他们聚在一起。这些人都是李渊的心腹，怎么会没人？而且这些人现在都身居要职，难道你没发现吗？"

高君雅忙问："那依王将军看来，李渊为什么这么做？"

王威紧皱着眉头："这么看来，李渊是想在军中排挤我们，而他排挤我们的原因只有一个，那就是他想谋反！"

此话一出，高君雅大惊，他拉住王威，两个人匆忙钻进了军帐中，开始密议对策。

在高、王二人怀疑李渊的同时，李渊和李世民也没有闲着，他们也在讨论着高君雅和王威。这两个人被安插在李渊的身边，其作用不言自明，这么久以来他们向杨广发出的密信，李世民也暗中截获了不少，只因他们暂时还没有发现李渊的异心，而李渊也不想太快与杨广对立，所

谋定中原

唐朝开国奇谋

以才一直想方设法躲开他们。但是现在，随着征兵的进一步开展，李世民觉得这两个人已经不能再留了。

李世民对李渊说："现在我们已经开始了第二次征兵，范围也扩大了不少。高君雅和王威势必会对我们产生怀疑，倒不如将他们直接杀掉，我们也不用再遮遮掩掩了，正好大张旗鼓地干一场。"

李渊看着军营里飘扬的"李"字大旗，对李世民说："现在，你大哥建成、四弟元吉，都在扬州随侍在杨广的身边。如果我们贸然动手，惊动了他，首先会大兵压境，这些还未经沙场的兵力要损失不少不说，你的兄弟也会处境危险的。"

李世民说："如果我们杀了高君雅和王威，消息被送到扬州也需要一段时间。在这段时间内，可以先遣密使将我大哥和四弟接出来，这样您也可以放心了。"

李渊摇摇头说："还是太冒险。"

两人正在说话，长孙顺德和刘弘基匆匆忙忙地走了进来。李渊笑呵呵地对长孙顺德说："新任统军，感觉如何？"

长孙顺德似乎并没有新官上任的兴奋："留守，我听士兵们说，高君雅和王威得知我任统军之后，似乎甚为不满！"

李渊说："军中的任命向来都是我管，他们有什么不满的？"

长孙顺德说："要是以往，他们不满我也不会在意，只是即将要举大事，如果他们因此生疑，那可就不好了。"

话音未落，就有探子来报：王威派遣信使要送信到扬州去，已经被守城的将士拿下。李渊打开密信一看，大吃一惊，原来王威已经因为自己大量提升心腹掌握军权而开始怀疑了。这封信正是他向杨广告密：李渊将要谋反！

看完信，李渊回身对李世民说："看来，这两个人是真的不可留了。"

李世民一抱拳，说："这事就交给我去办吧！"

当天晚上，操练了一天的将士们沉沉地进入了梦乡，只有王威因为一直在担心白天送出去的密信是否安全而辗转反侧。听到外面更夫走过去好几次，他才开始昏昏地睡去。还没有进入梦乡，忽然被一阵脚步声惊醒。

王威急忙坐起来，门外传来守将的声音："王将军，留守请将军到议事厅，说有重要军机商议。"

王威一边答应，一边匆忙穿好衣服，命人前面打着灯笼带路，穿过静谧的军营，来到了议事厅。

和外面的黑暗相反，此时的议事厅里灯火通明，各路将士都齐聚一堂，李渊凝重地坐在书案前，翻看着一张纸。王威注意到高君雅也站在那里，一副不知所措的样子，看来和自己一样，他也不知道出了什么事。

李渊抬头看到王威已经来了，并没有像往常一样对他示意，只是又低头开始看手上的纸张。大厅里虽然聚满了人，但是鸦雀无声。

过了一会儿，李渊突然说道："大隋皇帝对各位恩重如山，我实在想不到居然会有人勾结外匪，与突厥为伍，图谋我大隋河山！"

这话一出来，众人纷纷侧目，不知道李渊说的是谁。王威和高君雅互相用眼睛探询着，发现大家都是一副茫然的样子。正在疑惑，只听李世民大喝一声："给我将王威、高君雅这两个逆贼绑上！"

高、王二人一怔之间，已经有许多带刀的士兵冲了出来，一眨眼就将两个人五花大绑。王威急忙大喊："这是为什么？这是为什么？"

李渊冷笑一声，说："为什么？你自己看看！"说着，将自己手中

谋定中原

唐朝开国奇谋

那张纸扔到了高、王二人的眼前。

只见那纸上，用非常熟悉的笔迹写着高、王二人向突厥始毕可汗请降，最后署名居然正是高君雅、王威。

王威看完信，大吃一惊，他回头一看高君雅，问他："这是你写的？"高君雅气急败坏地说："这哪儿是我写的，你自己看看那笔迹！你自己勾结突厥，为什么要把我的名字写进去！"

王威又仔细一看，这才看清楚原来是自己的笔迹。这时，他的脑海中首先出现的是自己写给皇上的密信，可是眼前这封信不是自己所写的！他急忙对李渊说："留守大人，这不是我写的，我绝对没有勾结突厥！"

李渊冷冷地看他一眼："证据就在你的眼前，你还说没有？那好，我让你见一个人，你再说自己有没有做。"

说着，一个身形矮小的士兵被绑了上来。李渊问他："你认识这个人吗？"王威一看，这不是自己派往扬州送信的心腹吗？他怎么会出现在这里？一时间，王威居然哑口无言，说不出话来。

李渊对那人说："眼前这个人你认不认得？"

那士兵吓得直哆嗦："认得……认得……是王将军……"

李渊说："他交代给你什么任务？"

那士兵说："他……他让我去送信。"

李渊转向王威，大义凛然地说："王将军，人证物证俱在，你现在还有什么可说的吗？"

王威气得跳起来，一脚将那个送信的士兵踢飞，对李渊大吼："李渊，你居然陷害我！"

李渊气定神闲地说："我有没有陷害你，诸位将士都看得一清二楚。你有没有背信弃义，陷害太原，我们也看得清楚！我向来待你不薄，你居然勾结始毕可汗来攻打太原，幸亏我发现得早，不然的话，现在的太原恐怕已经是突厥的了！"

王威和高君雅此刻百口莫辩，他们只能暴跳如雷地大喊："这是诬陷！这是诬陷！"

只见李世民走上来，对将士们说："各位，对这种叛国通敌的恶贼，我们怎么能容忍？请留守大人将他们问斩，以儆效尤！"

李渊说："好！既然这样，我就杀一儆百，将这两个卖国贼推出去斩了！"

高、王二人还没来得及揭穿李渊的阴谋，就在群情激奋的喊声中被推出营门外，再也不能说什么了。

李渊杀高君雅、王威，是起兵反隋之初第一次血染刀锋，也是第一次与隋炀帝杨广为敌。虽然用的手段隐晦，但双方心里都非常明白，高、王二人之血，是为李渊和杨广之间的战斗祭旗！双方至此就要撕下面纱，开始轰轰烈烈的正面冲突，天下争夺就此拉开帷幕！

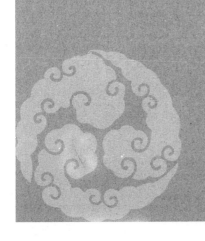

第三章
礼贤下士，能者归附

　　俗话说："一个篱笆三个桩，一个好汉三个帮。"红花虽好但还需要绿叶相扶。一个人的力量总是有限的，众人拾柴火焰高，李氏父子就是明白这个道理，所以才不惜一切笼络人才。

仗义执言，救出君集

在隋末的乱世风云中能够振臂一呼应者云集，可见李渊和李世民对人才和人心的重视。正是因为他们重视自己身边的人，能够动用各种手段笼络人心，所以才有天下英雄一批批地前来投奔，也就有了一群愿意为之赴死的勇士。

李渊本身是一个非常不易相信别人的人。因其所生活的时代极其动荡不安，而与隋炀帝杨广为君臣时期，他被杨广深度猜忌，身边耳目众多，导致他多疑的个性。所以，他更愿意相信自己的四个儿子，窦夫人为其所生的四个儿子也确实给予了李渊极大的帮助。但是李唐的旗帜最终得以在长安上空飘扬，一大半还是他周围能人贤士的功劳。

在李渊还不甚得势的时期，李世民便是一个喜好结交英雄豪杰的人。他深深明白"一个好汉三个帮"的道理，所以只要听说哪里有什么豪侠义士，他一定要去拜访一番。年轻的李世民自然不会与人谈玄论道，但非常喜欢和人探讨兵法，争论当前国家的安危。他的豪爽气度与自幼饱读兵书带来的渊博知识，往往可以博得他人敬重，进而与之结交。李世民结交朋友，不仅靠一时的感触，他更注重一个人的人品。

在隋炀帝杨广被突厥始毕可汗堵在雁门关的时候，李世民表现出非凡的军事才能。回到长安之后，隋炀帝以论功行赏的名义邀请诸位勤王的将领赴宴，李世民自然也一同前往。

在进宫的路上，李世民跟在自己的主将云定兴的身后，但见云定兴一副懒洋洋的模样，似乎不甚乐意。年轻的李世民便上前问："云将军，这次进宫是领赏，您怎么不大高兴？"

云定兴看了看身边的这个年轻人，说："李公子，你今年多大了？"

李世民疑惑地说："我十六了。"

云定兴笑了笑说："还这么年轻，难怪你不懂这些呢。"

李世民忙行礼说："还请将军明示。"

云定兴点点头，说："我看你年纪虽轻，但是谋略出众，将来必然有一番作为。但是在我朝之中，要想出人头地，靠的可不一定是战场上英勇。所以，有一些道理我也不妨跟你说一说。"说着，云定兴回头四顾，看没有人注意到他和李世民说话，低声说，"当今皇上，对我们前方的将士可以说是大方的。但是这种大方，我们只在耳中听说，却很少感受到，每次立了战功，他便对我们大加褒奖，说要赏赐，可是每次都食言。"

李世民看了看辉煌的长安宫殿，金砖碧瓦，一派帝王气象。他不解地问："现在我朝国力雄厚，按说将士们立了军功，皇上应该可以赏赐啊？"

云定兴说："这你就不知道了，人说'伴君如伴虎'，在朝中为官，首先要知道你的主子是个什么样的人。皇上其实不愿意赏赐将士，因为他要留着银钱去修宫殿、修运河，还有很多他自己的奢靡享受，若是赏的多了，他岂不是要减少自己的享受吗？"

年轻的李世民眉头扭结在一起，他有点不相信地说："言而无信？那如果这样下去，将士们岂不是要不满？军心涣散可怎么办？"

云定兴叹了一口气，说："皇上只管自己快活，什么时候管我们将士是不是满意呢。"

李世民又问："难道没有人向皇上奏明一下吗？"

云定兴看看他忍不住笑了出来说："你还真是年轻啊！这种事，大家只会自己埋怨一下，谁敢去和皇上说？说了不等于是责备皇上？所以，大家只有忍气吞声，禁言就是了。"

两个人边走边说，很快便来到殿外，李渊早就已经在那里等候了。李世民快步上前见过了自己的父亲，想将刚才的疑惑跟父亲说一说，但是杨广的御驾已经来了，他只有禁言了。

在朝堂上一派欢乐的气氛之中，杨广一声令下，丰盛的筵席送上了诸将的桌子，大家吃吃喝喝，又有歌舞助兴，不时传来欢声笑语。但因为有了来时云定兴的一番话，李世民仔细地观察着大殿上的将领们，他们虽然有说有笑，但时不时便会有人停下来，小声议论着些什么，从紧皱着的眉头李世民猜测：也许他们是在抱怨并没有奖赏吧。

看到这些，李世民忽然想到：对于一个君王而言，言出必行是多么重要。一次令出不行，会让大家埋怨；再次言而无信，就会失去大家的信任；当这种事情再三发生的时候，还有谁会为了皇上冲锋陷阵呢？而对于诸将来说，虽然满腹不满，却居然没有一个人敢于直言，一方面是皇上离心离德，一方面也是这些人不敢进谏，让皇上不能自省。表面上的歌舞升平不能掩盖这其中的暗潮涌动，看来，在这个朝廷中为官还真是有一番学问。

筵席一直过了午后，杨广倦怠才命众人谢恩退去。李世民随着李渊打算要返回，他们刚出宫门，便听到一阵喧哗，抬眼望去，远处一群兵士推搡着一个捆绑起来的小将，似乎是要押解他去什么地方，而那个小将一直大声嚷嚷着："我有什么错？"

李世民看到云定兴已经策马过去，便跟了过去。云定兴问："这是什么人，为什么被绑起来？"

兵士们看到云将军，急忙禀报说："这是军中的统领，叫侯君集，今天他在营里大声骂皇帝，所以小的们将他捆起来，想给将军送过来听候处理。"

云定兴问："他都说什么了？"

兵士说："他说皇上言而无信，是个昏君，还说下次再要勤王救驾，肯定无人卖命，到时候就让皇上自救算了。"

云定兴一听大怒，这种大逆不道的话要是传了出去，不仅他会被皇上问罪，到时候自己也会被牵连的。他呵斥被绑的侯君集："你个混账，居然说出这种话来，给我推出去斩了！"

侯君集虽然被绑，但是他身体高壮，好几个人也拉不住。只见他用力一晃，便甩开了抓着自己的兵士，大声对云定兴说："将军，在雁门关时，大家都听到皇上要赏赐的，可是现在却只是给了几壶酒，就想安抚兄弟们，难道我说错了吗？我是为大家鸣不平！"

云定兴看他喊叫起来，生怕其他退朝的官员听见，在皇上面前说自己领军无方，便对他说："你身为臣子，本就该为皇上分忧，现在居然讨要奖赏，就是大逆不道。今天如果不杀你，以儆效尤，他日军中必然大乱。"说着便让军士将侯君集绑到法场去。

李世民见此情形，忙上前对云定兴说："云将军息怒！我看这员小将肯定是喝了皇上赐的酒醉了，所以才会胡言乱语。请将军把他交给我处理吧！"

云定兴其实并不是真的想将侯君集问斩，他只是怕侯君集在军中乱说扰乱军心，也怕他的话传到皇上耳朵里，自己受牵连被责罚。现在看李世民来求情，他也想赶紧找个台阶，便说："在军中胡言乱语，扰乱军心，其罪可诛，你不用给他求情。"

李世民赔着笑，说："酒后胡言，将军就不要再怪了。世民愿意以此次军功为他求情，请将军放过他吧。"

这一次雁门关退敌，在前领兵、出谋划策的，全都是李世民，但云定兴在奏折上却将功劳全都安在自己头上。李世民对这些事只是假装不知道而已，现在用话一暗示，云定兴也有点不好意思了，就顺水推舟："既然你替他求情，那我就暂时放他一马。日后如果还敢乱说，定然不饶他！"说着，便策马回营去了。

李世民下马给侯君集松了绑，笑着说："为了一句话丧命，你这样可不值得！"

侯君集却依旧倔强地说："我说的全是实话！"

李世民问："为什么大家都不说，偏你要这么大声嚷嚷？"

侯君集眼睛一瞪，说："这些人，都是些胆小的鼠辈！背地里一个个牢骚满腹，到头来却一点骨气都没有，还要拜谢皇恩，说什么皇恩浩荡！我就是不愿意做这种人！"

看着眼前这个豪爽的汉子，李世民想起朝堂上那些窃窃私语的将军，他们不就是侯君集所说的鼠辈吗？看来，他们连这样一个小将都比不上啊！

侯君集被松开绳索后，"扑通"跪在地上说："李将军今天救我，侯君集铭记在心，大恩不言谢，日后我一定报答您！"说着就"砰砰砰"磕了几个响头。

李世民忙扶起他说："我看你是一个豪爽直言的人，所以才救你的，并不是为了让你报答我。现在，我看你还是早点解甲归田，回家种地去吧！"

侯君集一听这话，又跪下来对李世民说："将军救了我，我怎么能说走就走呢？我愿意跟随将军，鞍前马后，在所不辞！"

李世民刚想推辞，站在远处一直看着这一切的李渊走过来，笑着说："千金易得，勇士难求。我看这个人是个难得的勇士，你就留下他吧。"

侯君集从此之后一直跟在李世民的身边。既是李世民的好朋友，又是军中的一员猛将，为李唐军队的发展作出了贡献。在玄武门之变中，他更是担当了重要角色，助李世民顺利地登上了皇帝宝座。

从结交侯君集的过程中可以看出，李世民对于那些敢于仗义执言的人有一种由衷的钦佩，他佩服这样的人，所以才会伸手相救。在对朋友的甄别上，他不仅仅是看对方的本领、地位，更加注重人品的高低，因为在举世皆醉的时候，有一个可以保持清醒的人在身边，肯定会给予他极大的帮助，让他也可以清醒地看待这个世界。

投其所好，裴寂助兵

在完成一件惊天动地的大事时，得力的帮手是不可或缺的，而在这些帮手中，有一些人甚至起了决定性作用，其效用不低于领导者。

在李唐的发展轨迹中，裴寂一直扮演着重要的角色。他曾经是李渊在隋朝为官时候的旧友，后因直言不讳得罪了隋炀帝，被贬到太原，担任了太原行宫晋阳宫的副宫监，其实也就是在晋阳宫做了个大管家。但是谁会料到，李渊后来也被隋炀帝派到了太原担任留守，两个人又在这里相遇了。

裴寂作为李渊的旧友，两个人常常一起喝酒下棋，聊到半夜。李渊的个性较为谨慎，裴寂足智多谋，因此为李渊提供了不少良策，李渊在很多问题上都会采纳裴寂的建议。这一点，李世民跟随父亲来到太原后，很快就发现了。

这一天，裴寂酒醒之后，推开窗户一看，已经是日上三竿了，家仆伺候他洗漱完毕。没一会儿，便听到有脚步声传来，裴寂头也不用回，听到这么有力的脚步声，就知道是谁来了。

来人正是裴寂的酒友——龙山令高斌廉。他和裴寂是山西老乡，裴寂在官运亨通时，曾经多方提携他，所以等裴寂回到太原后，他便日日陪伴在其身边，饮酒作乐，消遣郁闷。而他本人生性豪爽，酒量又好，因此裴寂也很喜欢与之伴游，称其为"酒友"。

高斌廉来到裴寂门前，哈哈笑着说："裴大人不会是这个时候才起吧？"

裴寂笑着说："昨晚和你喝酒到了半夜，也不知道喝了多少，醉醺醺地就休息了。今天起来都已经这个时候了，你昨晚灌了我不少吧？"

高斌廉说："大人您是海量，怎么会被我给灌倒？不过昨天和大人喝得过晚，打扰了大人休息，所以今天我是来请罪的。"

裴寂说："哦？你要怎么请罪？"

高斌廉笑呵呵地说："如今是阳春三月，城北的桃花已经开得灿烂。我素知大人爱花爱酒，所以，今天就请大人去城北看桃花，您看如何？"

谋定中原

唐朝开国奇谋

裴寂一听这个建议，非常高兴，便让人准备了车马，一行人出城去了。

来到城外，只见一片片桃花开得灿若云霞。裴寂忍不住赞叹道："这么美的桃林，说不定什么时候就要遭受战火的焚烧，颓然委身于尘埃之中，实在是可惜啊！"

高斌廉说："大人心怀天下，但这种事不是你我可以左右的。既然到了这花田，就不要辜负了美景。"说着，令人寻了一处干净的亭子，将酒菜布置好，请裴寂入座。

两个人饮酒赏花，不亦乐乎。高斌廉又建议："不如我们来投壶吧，输者饮酒，连输三局者，不仅要饮酒，还要拿出一百文钱做酒钱，您看如何？"

裴寂一直感叹自己生不逢时，常有怀才不遇之叹，所以转而热衷于饮酒赋诗。但酒和赌向来都是不分家的，所以久而久之，他也就热衷于赌，每一次若是输了便淡然离去，要是赢了则手舞足蹈，状若孩童。所以高斌廉一提议，他便马上同意。

投壶是一种文人之间的小游戏，将一个酒壶远远放着，众人拿筷子投掷，能中者为赢。几局下来，高斌廉居然输了不少。裴寂一看自己赢了那么多，忍不住哈哈大笑起来，对高斌廉说："你呀你呀，酒量倒是不错，但是比投壶，你就不是我的对手了，你还偏偏要和我赌！"

高斌廉笑了笑说："我只求让大人尽兴而已！"

裴寂笑着说："这些日子以来，你连日找我饮酒，每回都带着上好的佳酿，而且还非得跟我赌钱，但你自己赌技又差，逢赌必输！"

高斌廉说："美酒银钱，本身就是为了换得一时欢娱的，我并不在意输赢，只求快活便是。"

裴寂笑着说："但以前你可不是这样，以前若是有人要赌，你多是

051

万般阻拦，而且还曾经劝我不要那么嗜赌。现在你怎么变了？这其中是不是有什么秘密？"

高斌廉听他这么一问，不由得局促起来。裴寂笑了笑说："你我是多年的老友，我想你也不会有什么不测之心，只是怕有人会利用你。"

高斌廉见裴寂这么猜测，不由得笑着说："裴大人，我就和您说实话吧。利用我的确有其人，但他也不是有什么不测之心的。"

裴寂一听，疑惑地说："那他是谁？他为什么要这么做？"

高斌廉说："大人与他也算熟识，他便是留守李渊家的二公子——李世民。"

裴寂听了，捋着他稀疏的胡子凝神看着远方说："二公子？他为何要让你这么做？"

高斌廉说："二公子一向敬重您，认为您被贬抑到晋阳宫实在是屈才了，所以给了不少银子，让我每天陪伴在您身边。他说，大人有济世之才，现在虽然不得志，他日一定可以施展，所以力求让您每天都过得快活就是了。"

裴寂点点头，端起酒杯一饮而尽，他知道，李世民的目的肯定不止于此。

当天夜里，裴寂的书房中来了一位访客，正是白天他和高斌廉聊到的李世民。裴寂问李世民："二公子，你为什么要让高斌廉每天陪我饮酒，还故意输钱给我呢？"

李世民看他个性直爽，毫不隐讳，便说："这件事，还请您不要怪罪，我一直都觉得您是个难得的人才。有好多次看到您和我父亲饮酒，深感时局动荡，所以我才命人陪伴您左右。谁曾想竟然被您识破了，所以我今天是特意来请您原谅的！"

裴寂笑着说："难得公子有这一份心意。虽然你的大哥和弟弟都不在太原，但有你这么一个有心人在你父亲身边，我也很为他高兴。"

　　谁知道李世民却叹了一口气说："您有所不知，世民虽然每天陪侍在父亲的身边，但有时候真的不知道该怎么办。"

　　裴寂一听，来了兴趣，便问道："二公子才华过人，什么事会让你这么为难？"

　　李世民说："现在天下不稳，皇帝暴虐，民不聊生，各地兴起了不少义军。太原虽然暂时还算平静，但难免有一天战火会烧到这里来。我曾经多次劝谏父亲，希望他早做打算，但父亲宅心仁厚，一直不听我的劝告。"

　　裴寂说："你劝他什么，他不听？"

　　李世民抬头看了裴寂一眼，只见他的眼神深邃，根本看不出他在想什么，但事情已经到了今天，李世民牙一咬，大胆地说："我劝父亲起兵。"

　　裴寂脸上带着深不可测的笑容说："二公子，你可知这件事的严重性？你就不怕我将你告到皇上那儿，治你谋反的罪，诛九族？"

　　李世民说："我知道您不会的！您本身有着经世济民的才能，想要为百姓做点实事，可是却生逢如此暴君。自从我来到太原，就发现您很不得志，终日郁郁不乐。如果我们能推倒这个暴君，赢得一个清明世界，我想您肯定会支持的！"

　　裴寂笑了笑说："你这个年轻人，虽然年纪不大，但是眼光毒辣！不错，我是有些不得志，但也不代表我要谋反啊！"

　　"您不是池中之物，让您在太原这么委屈一辈子，这不是您愿意的！难道您就不希望做出一番大事业？"

"二公子，你可真是一个敢说话的人！现在还有什么是你会怕的？但是你这么用心良苦，博我信任，就是跟我说这些？"

"我劝谏父亲的时候，他一直认为我少不更事，您和他是多年的老友，又深知他的脾性，如果是您的话，他会听取您的意见的。"

"你的父亲是一个谨慎的人，他深知这件事情是多么险恶，一步走错，便再也没有回头的路了，所以他才不听你的。你要我劝服他，我看也很难。"

李世民说："我知道这种事情有很大的风险，但只要您出马，就算我父亲不听从，也会慎重考虑的。"

在李世民的劝说下，裴寂有感于他的诚意，答应去劝说李渊。他在晋阳宫中安排了佳丽宫人陪侍李渊，在酒兴正酣时，劝说李渊顺应天意举事。

李渊在李世民和裴寂的轮番劝说下，经过慎重的考虑后，决心要推翻隋朝，取而代之。裴寂从晋阳宫中拿出了米粮五万斛、各色彩缎五万匹、铠甲四十万领，这些辎重粮秣对于李渊军队来说是非常重要的支援。

通过交往，李世民获得了裴寂的支持。在李渊起兵、称帝等重要事件当中，裴寂都与李世民站在一起，给予他非常多的建议和帮助。在李渊不愿意接受隋恭帝杨侑的禅让时，裴寂站出来以"请辞"相谏，才让李渊下决心接受帝位。直到李唐建立之后，裴寂都一直受到李渊、李世民父子的重视，曾经一度与李渊同起同坐，散朝后也常留在宫内就寝，所提的建议普遍受到了重视，可谓言无不从。如果说在李唐的建立过程中，李渊、李世民是一面旗帜的话，那么裴寂绝对可以称得上是这面旗帜的旗杆。

玄龄如晦，左膀右臂

因为经历了长期而充分的准备工作，李渊起兵之后，行军非常迅速。一方面隋朝的军力在与各地义军的作战中损耗巨大；另一方面义军之间互相兼并，存强去弱，所以他需要面对的敌人数量上较之前少了很多。随着战争的不断推进，李渊和李世民越来越认识到人才的重要性，也深深为自己手中的人才不足而担忧。他们在前来投奔的士族和被收编的义军中广泛选拔人才，这其中就包括曾经在隋朝做过滏阳尉的杜如晦。

杜如晦的家族在北周和隋初都身居高位，但后来因为政治倾轧等原因，他长大后只能做一个候补的官员，等待了多年才得了一个小官。李渊举兵之后，杜如晦眼看朝中混乱，皇帝昏聩，便决意投奔李渊。他凭借着自己的聪明和胆识，很快便获得了李世民的赏识，成为智囊集团中的核心人物。

李世民的队伍从太原一路出发，平定了汾阳等地的义军，又一路向北。这一天，驻扎在了陕西的关中渭北一带。既然是军队驻扎之处，一般人是不会靠近的。但是，还真是有那奇特之人，一个年近40的中年男人，竟悠然自得地穿过猎猎旌旗，走向军营的辕门。"我叫房乔，字玄龄，前来求见你们的统帅、二公子李世民。"声音很温和，一听就是文人。

两个月前在太原辅佐父亲起兵反隋的李世民，这时候才十九岁，他掀

房玄龄

开军帐，看到一双湛然有神的眼睛在凝视自己，两人一见如故。

从此，房玄龄追随在李世民身边，成为了李世民最得力的幕僚。

房玄龄来到李世民的军中，为他提供了有力的支持。每次平定一地，别人都争求珠宝，但房玄龄却首先收罗人才，为李世民建立了智囊集团。在决定李世民生死时刻的玄武门之变中，房玄龄参与策划、实施，将李世民送上帝位。后来随侍在身边，制定典章制度，综理朝政，李世民称赞他有"筹谋帷幄，定社稷之功"。房玄龄长于谋划，而杜如晦长于决断，二人一起成为良相典范，被世人称为"房谋杜断"。

平衡势力，招降尉迟

在李世民的唐军队伍中，武将主要有单雄信、秦叔宝、李勣等，大部分来自瓦岗集团。这一方面为李渊、李世民提供了大批非凡的军事人才，带领唐军开始了所向披靡的征战；但是另一方面，让李世民心中不安的是，这些人毕竟来自同一个队伍，虽然已经投诚，但他们一旦同仇敌忾，势必会形成不小的势力。每每想到这些，李世民就更加觉得应该大力挑选军事人才。李唐建立后的第一年，有一员勇将就出现在李世民的眼前，他就是尉迟敬德。

隋朝大业末年，尉迟敬德在高阳从军，时隋炀帝杨广统治残暴，骄奢荒淫，爆发了大规模的农民起义，尉迟敬德多次随军出征，以武勇著称，被授朝散大夫之职。

义宁元年三月（公元617年），马邑（治今山西朔县）鹰扬府校尉刘武周杀太守王仁恭，起兵反隋，并遣使归附突厥。三月，刘武周称帝，建元天兴，成为隋北方地区最大的割据势力。刘武周闻知尉迟敬德作战勇猛，便将其网罗到自己麾下，担任偏将。

太原起兵的唐国公李渊建唐后，部将宋金刚建议刘武周"入图晋阳，南向以争天下"，刘武周遂于武德二年（公元619年）三月，在突厥支持下举兵南下，尉迟敬德也在其中。九月，刘武周占领太原。尉迟敬德随宋金刚继续南下，攻克晋州（治今山西临汾）。十月，又攻占浍州（治翼城，今属山西）。此时夏县（今山西夏县西北禹王城）人吕崇茂起兵响应刘武周，击败唐右仆射裴寂。唐高祖李渊诏令永安王李孝基、工部尚书独孤怀恩、陕州总管于筠、内史侍郎唐俭等率兵讨伐吕崇茂。双方对峙于夏县。

是月，秦王李世民奉命统关中兵进攻刘武周。十一月，自龙门关（今山西河津西北）乘坚冰过黄河，屯兵柏壁，与宋金刚军对峙，并同固守绛州（治今山西新绛）的唐军形成掎角之势，进逼宋金刚军。

十二月，吕崇茂向宋金刚求援，宋金刚即遣尉迟敬德和寻相率兵潜往夏县，接应吕崇茂。尉迟敬德与吕崇茂里应外合，夹击唐军，大败唐军，李孝基、独孤怀恩、于筠、唐俭及行军总管刘世让全部被尉迟敬德俘获。唐高祖李渊为救回被俘诸将，派人招降了吕崇茂，拜夏州刺史。

第三章 礼贤下士，能者归附

同时还让吕崇茂暗中除掉尉迟敬德，尉迟敬德闻讯后，将吕崇茂杀死。

尉迟敬德、寻相击败唐军后，还军浍州。李世民闻讯后，即派兵部尚书殷开山、总管秦叔宝等在美良川（今山西夏县北）截击尉迟敬德军，尉迟敬德毫无准备，被唐军斩首2000余级，大败而归。

不久，尉迟敬德、寻相秘密率精骑前往蒲坂（今山西永济西南蒲州镇），救援王行本。李世民又亲自率步骑3000连夜从小路赶到安邑（今山西运城东北安邑），截击尉迟敬德、寻相军，尉迟敬德这次败得更惨，除自己与寻相脱逃，其众全部被唐军所俘。唐将独孤怀恩也乘机逃走。

当时独孤怀恩本欲反唐自立，在狱中曾将此事告诉了唐俭，独孤怀恩逃回后，又奉命攻蒲坂。唐俭闻讯后，恐独孤怀恩反唐，便说服了尉迟敬德，允许他派人给李渊报信，李渊遂将独孤怀恩诛杀。由此可看出，尉迟敬德当时已有归唐之心。

武德三年（公元620年）四月，与唐军相持约5个月的宋金刚军终因粮秣断绝，被迫以寻相部为后卫，向北撤退。李世民即率军追击，大败宋金刚军。宋金刚率余部2万精兵退至介休（今山西介休），出西门而战，宋金刚惨败而逃。刘武周放弃并州（治今山西太原）与宋金刚逃往突厥，后为突厥所杀。尉迟敬德则收拢残兵，坚守介休。

李世民知其武勇出众，便派任城王李道宗和宇文士及进城劝降。尉迟敬德遂与寻相以介休、永安（今山西霍县）二城降唐。李世民见尉迟敬德来降，非常高兴，任命尉迟敬德为右一府统军，让他继续统领旧部8000人，与诸营相参。李世民对他的过分信任引起唐军众将的不满，李世民行军元帅长史屈突通怕尉迟敬德会反复，多次向李世民提起此事，均被李世民拒绝。

七月，秦王李世民奉命率军东征隋洛阳守将王世充。九月，寻相和刘武周的一些旧将相继叛变逃走，唐朝诸将对尉迟敬德也怀疑起来，认为尉迟敬德必叛，就把其关押在军中。二十一日，屈突通与尚书殷开山向李世民进言道："敬德初归国家，情志未附。此人勇健非常，繁之又久，既被猜贰，怨望必生。留之恐贻后悔，请即杀之。"李世民却说："寡人所见，有异于此。敬德若怀翻背之计，岂在寻相之后耶？"李世民当即释放尉迟敬德，引入内室，赐以金宝，并说："丈夫以意气相期，勿以小疑介意。寡人终不听谗言以害忠良，公宜体之。必应欲去，今以此物相资，表一时共事之情也。"李世民这番话，使尉迟敬德内心十分激动，从此终生为李世民效力，成为君臣关系的楷模。

不计前嫌，相救李靖

在隋末的乱世风云中，有英雄揭竿而起，也有英雄顺势而为，都成就了一番事业。同样，也有英雄是四处不得志，到哪儿都施展不开拳脚，投奔也不知道该朝哪个方向，李靖便是这样一个人，甚至在遇到李渊和李世民之后，李靖还一直和他们做对。值得庆幸的是，他在最后一刻幡然醒悟，不仅救了自己一命，还名垂青史。

李靖自小便以非凡的才气而闻名。他是隋朝名将韩擒虎的外甥，出身于名门世家，祖父任殷州刺史，父亲任赵郡太守。从小在同侪之中，他便因文武才略而卓尔不群。小时候，他便立下一番大志愿，依靠这一身本事立功成事，取得富贵。他的舅父韩擒虎也曾经说："可以和我一起讨论兵法谋略的，只有我这个小外甥！"吏部尚书牛弘称赞他有"王佐之才"，而当时的大军事家杨素在见过他之后，感叹地说："这个人今后一定可以坐到我这个椅子上来！"

但是这样一位才名远播的青年才俊，却适逢乱世而不得志。他先是做了一个县功曹，又做了个小小的员外郎，都不是什么有权的大官。而当李渊准备起事反隋的时候，他被派遣到山西马邑郡做了一个小小的郡丞。

刘武周起兵后，勾结突厥，时不时骚扰山西境内。马邑成为首当其冲的对象，纵然李靖有万般本领，但手中无兵，也没有办法抵抗悍勇的突厥军队。所以，他来到太原时向任太原留守的李渊求助。

李靖来到太原，看到李渊拥有重兵，而且还在不断招兵买马，不由得喜上心头，看来这一次一定可以借兵击败突厥。李渊热情接待了李靖，但是对他提出的借兵请求却只是说暂缓，让他先等待几天再说。李靖心中虽然急迫，但是也不好强求，只好在军营等待李渊下令。

一天，他正在军营中走动，不留神便来到了李世民的住处外。本来想进去打个招呼，顺便探听一下借兵的消息，可是刚走到门口，便听到里面有人大声狂笑，李靖停下脚步一听，原来是李世民和好友侯君集、公孙无忌正在说话。

只听侯君集大声说："这一次征兵，我们从汾阳等地收回了有五万之众，现在，我们太原的兵力可以说是与日俱增，再过些时日，定能超那个杜伏威了。"

众人听到他一番高论，都笑了出来，公孙无忌说："我们现在的兵力就足以阻挡杜伏威了，再增长一些，定可以与窦建德、刘武周之流拼一番。"

李世民笑着说："大家可不能因一时满足，反而大意了。要知道，我们最大的敌人可不是这些人。"

侯君集说："我们当然知道，现在只要我们先平定了这些义军，实力定然大增。到那个时候，就算是隋军倾巢而出，也不是我们的对手！"

李靖在门外听到侯君集这一句话，心里不由得一惊，脚下往后一退，撞到了立在门口的长矛上。李世民听到外面的声音，厉声问："谁在外面？"

李靖急忙稳住心神，故作平静地对着屋内喊："请问，李二公子在吗？"

侯君集推门出来一看，只见李靖笑嘻嘻地站在门口。他朝侯君集拱手施礼："原来是侯将军，我是来找李将军的。"

侯君集问："你找李将军有什么事吗？"

李靖一脸轻松地说："我在军营里待得烦闷，想看看李将军有没有兵书可以借来翻阅，解一下困乏。"

这时李世民走了出来，握着李靖的手说："原来是李兄来了，快请进！"

李靖忙说："我只是来借本书。"

李世民笑着说："你随便选吧，想看哪一本，尽管拿去看就是了。"

李靖匆忙拿了两本书，便告辞而去，临走时还对李世民说："过两天，我就还回来。"

公孙无忌对李世民说："他会来还吗？"

李世民笑了笑说："这得看他刚才是不是听到我们的谈话了。"

侯君集懊恼地说："都怪我，嗓门太大了，把这种话都给说出来了。"

李世民拍了拍他的肩膀，说："你也不用自责，李靖是个聪明人，我们天天这么大的阵势在招兵，他心里肯定也是怀疑的，被他发现是迟早的事。"

公孙无忌说："但是现在，我们还没有正式举旗。他会不会跑出去到处乱说？"

李世民说："如今天下这么乱，他能到哪儿去说？最怕的就是他跑去跟皇上告密，但是皇上远在扬州，沿途都有战火，短时间内是不可能到的。"

虽然对于这件事李世民并没有多么惊慌，但还是报告了李渊。李渊对此事非常重视，眉头紧锁，对李世民说："你快去派人将他羁押起来！"

李世民却说："他现在已经逃脱了，有军士看到他盗马出营而去。"

李渊着急地说："他这一去，也许会坏了大事！"

李世民依旧气定神闲："父亲放心，他现在出去所说的话，一来也许没有人信，再来就算有人信现在也不能对我们如何，我不杀他，只是怜惜他是个人才而已，希望他这一去可以看清楚当前的形势，明白自己该为谁效力。"

果然不出李世民所料，李靖逃出太原之后，向沿途的隋朝官员报告了这一情况。但四处燃烧的战火还扑不灭，何况是未燃的？再加上唐国公权重，一般的官员即使知道了，也不敢怎么样。李靖眼看自己拼命带出来的消息得不到重视，便一心想直奔扬州，向隋炀帝杨广汇报，希望可以尽快派军队来镇压。但沿途布满了起义的队伍，交通时时都中断，又加上大小战争无数，等到李渊起兵之后，他才到长安，适逢关中大乱，他被困在长安城中。

不久，李渊势如破竹，利用李密拖住了王世充，迅速攻入长安，拥立代王杨侑称帝，控制了隋朝的朝政，李靖也被绑到了李渊的面前。

看着眼前这个曾经的青年才俊，如今潦倒不堪，李渊也很感慨，但是一想到李靖曾经想要向隋炀帝告密，阻止自己举事，他又怒气满怀，命人将李靖推出去斩了。

李世民见状，急忙站出来对李渊说："李靖本有满腹经纶，只不过没有遇到明主而已，虽然他曾经企图告发我们，但并没有成为事实。现在我们正是需要人的时候，请父亲不要责怪他，留他一命，效忠新朝，岂不是好事？"

在隋朝乱世中成长起来的李渊却不这么想，在他看来，一旦有对他不利之心，就只能铲除，哪怕是暂时的归顺，也会给以后带来更多的麻烦，所以，他执意要将李靖斩首示众，方才甘心。他对李世民说："一个人如果一次与你为敌，将来就有可能继续与你为敌。所以只要有机会，一定要铲除这个祸患，才得安心。如果一时心软留下了他，难保日后他什么时候又会起意，将你打翻在地。到那时，后悔的可就是我们了。"

李世民见父亲如此固执一定要杀李靖，也没了办法。

李靖见李世民求情无用，他不甘心地回身朝李渊大喊说："唐国公，您起义本是为天下去除暴乱，但是现在大事还没有成功，却因为私怨而斩杀壮士，难道你不觉得自己错了吗？"

李渊说："天下壮士熙熙攘攘，能为我所用的便是勇士，不能为我所用的只能是敌人。我杀你也正是为了尽快给天下百姓一个安稳的交

第三章 礼贤下士，能者归附

代。"

李靖说："如果不能为您所用的人，您都要杀死，那就要血流成河了！难道这是以'仁义'为先的您所应该做的事？"

这句话正好击中了李渊的弱点，从在隋朝为官以来，他便一直以"仁义"来标榜自己。现在李靖直接质疑，反倒让他有点无所适从。而且天下真的有很多勇士没有归顺自己，如果真要逐一杀死，那岂不是要与天下为敌了？对一个确有才的人，最重要的不是他以前做过什么，而是他以后会做什么，如果李靖这样有才能的年轻将领以后能在自己的麾下，谁又能说不是好事呢？

李世民见李渊有点犹豫，说道："父亲，李靖说得对，如果您能饶恕他，不正是告诉天下壮士您是一个宽宏大量的人吗？又何必一定要杀他而后快？"

李渊已没有了杀意，只是一时无法下台，见李世民这么说便道："既然你这样三番五次劝说，那我就把他交给你，你来处理吧。"

李世民忙谢过李渊，跑过去给李靖松了绑，对他说："以后你就跟着我，在秦王府做事！"

李靖见状，拜倒谢恩。

李靖归顺唐朝之后，受到了李渊、李世民父子的重用，在唐朝平定名地叛乱的过程中，起到了非常重要的作用。李靖跟随李世民平定了王世充、萧铣，成为唐军最高的军事统帅，达到了"三军之任，一以委靖"的程度。在唐军中，他如鱼得水，充分发挥了自己的军事才能，为唐的统一、安定作出了贡献。

莫问出处，狱中英豪

在为起兵做准备的阶段，李渊交代李世民"密结英豪"，为举事做准备工作。为了能够尽快建立一支帮助自己杀伐决断的队伍，李世民搜索着每一个可能的角落，甚至连狱中都不放过。乱世中被投入狱中的，也许并不是违法的罪犯，而仅仅是当权者的反对派，既然是与自己的敌人为敌，那么就可以成为自己的朋友。刘文静正是这样一个被李世民从狱中解救出来的人才，他被发现、解救，后来成为李渊智囊团中最重要的组成者之一，为李渊起兵提供了非常重要的谋划。

李渊被任命为太原留守来到了山西，当时山西的义军力量并不强，所以李渊获得了一个喘息的机会。李渊乘这个机会认真地思考着自己的未来，虽然有李世民、裴寂等人频繁游说，但他还是对于举事有着一定的顾虑。他让追随自己来到太原的二儿子李世民统计了太原的军库、兵力、土地、赋税等全面情况之后还是觉得储备不足，因此一直犹豫不决。

在李世民通查太原民情的时候，不可避免要查看牢狱中的情况。在这里，他发现了之前的晋阳令居然也在狱中，翻开卷宗一看，原来是李密起兵之时，隋炀帝杨广曾经命令他去截杀，但是以晋阳的兵力并不是李密的对手。因此被皇上迁怒，投到了大狱中。

看到这些，李世民便对侯君集说："瓦岗军势力强大，以晋阳令的兵力去阻止他们，无异于以卵击石。但是皇上却还要怪罪他，这件事看上去很奇怪！"

侯君集说："看来，皇上本就是有意惩处他，至于罪责，只不过是乱加的吧？"

李世民想了想，问左右随侍的狱官："晋阳令是一个什么样的人？"

狱官答道："大人平时待属下都很宽和，而且与民为善，被城中人夸赞。"

李世民问："既然是这样的一个好官，为什么还会被投进大狱？"

狱官回答说："这件事，实在是怪不得大人。只因那李密起兵造反，而大人却和李密是儿女亲家，因此皇上就怪罪下来了，让大人领兵出击，结果败军而回。皇上说大人不尽心，所以将他投到狱中。"

李世民点点头，说："原来是这么回事，这么看来，也算是冤枉了。我想去看看他。"

说着，让狱官前面带路，一行人来到了晋阳令的牢门前。李世民推门进去，只见简陋的狱室内只铺着一些茅草，有一个清瘦的中年人，正借着一点微弱的光看书。

看到李世民进来，中年人抬起头来，微微颔首，抱拳施礼："罪人刘文静见过将军。"

李世民上下打量着他，发现他虽然身处狱室之中，却依旧不卑不亢，眼神颇为平静坚定。李世民问道："刘大人，你在这狱中觉得冤不冤？"

刘文静淡然一笑，说："乱世之中，不冤也是冤，待到清平世界，冤也是不冤。"

李世民疑惑地说："你这是什么意思？"

刘文静说："皇上责怪我办事不力，这种事何从判断冤不冤？作为臣子，我所能做的，只是听从皇命，为皇上效力而已。"

李世民说："如果皇上并不是为了百姓，你还会为他效力吗？"

牢房里顿时安静了下来，刘文静意味深长地看着眼前这个年轻的将领，李世民也看着他，两个人默不作声。过了半晌，两人忽然同时爆发出豪爽的笑声。刘文静说："看来我所期待的日子已经快要到了。"

李世民问："你在期待什么？"

刘文静说："乱世之中，群雄并起，必然会有一位尧舜一样的人振臂一呼，让天下平定。我所期待的，正是这样的一个人。"

李世民点点头："刘大人今天就早点休息吧。"说完带着侯君集等人出了牢房，一路直奔李渊的留守府，他想把今天发现的这个人才的事情赶快告诉父亲。

来到李渊的书房，李渊正在和裴寂下棋。李世民顾不上打扰，便详细说了今天遇见刘文静的全部过程。不等李渊开口，裴寂便说："这个刘文静，我也是知道的。"

李世民一听，忙请他细说一下。裴寂抿了一口茶，说道："此人智慧过人，本来在京城为官。但是看不惯官场混浊、皇帝无道，便选官来到了晋阳，希望可以得一时的清净。谁知道，李密随杨玄感起兵反隋，皇上因为他和李密是亲家一事，而对他心生疑虑，借口出兵不力，把他投进了大牢。所幸，他为官清廉，颇得民心，在牢里有人多加照顾，所以还算没有受什么罪。只是要等到什么时候才能出来，就不知道了。"

李渊说："这么看来，他是被时局所误！你以后要多去看望他，不要让他在牢里受委屈。"

李世民领命而去，在接下来的日子里，不时去牢里和刘文静一起饮酒，议论时政。刘文静说："我们两个人一起喝酒，可能要喝上两坛才够！"

李世民说："若能一朝遂我愿，与先生对饮十坛酒都不多！"

刘文静看着眼前这个朝气蓬勃的年轻人说道："公子绝非池中之物，我看得出来您是一个有鸿鹄之志的人。现在天下如此混乱，公子就没有其他打算吗？"

李世民说道："现在虽然是乱了一些，但是只要我们一起努力辅佐，将来一定会太平安定的。"

刘文静笑了笑，说："天下是否太平安定，不在于你我的辅佐，而在于天子是否圣明，难道公子还觉得当今的天子足以圣明到让天下重回盛世吗？"

李世民听了这话，放下酒杯，叹口气说："但是我李家深受皇恩，我父亲又忠君，怎么能有别的想法？"

刘文静说道："纵观历史，如果君王无道，臣子都可以取而代之。远的不说，就拿最近的这位皇帝来说，他怎么坐上皇位的，难道公子不知道吗？弑父杀兄的罪名之下，他又怎么能给我们一个太平世界！"

李世民点点头，默不作声。刘文静接着说："再往前，他的父亲隋文帝又是怎么夺得天下的？还不是叛杀了北周，所取代之人正是您母亲的舅舅！这一朝一代的更替，本来就没有什么规律可循。唯有德者，可以就其位，现在天子无道，正是需要一位有道明君的时候。如今天下英雄都纷纷举事，要我看，能给百姓带来福祉的，却只有一个人。"

李世民问："先生觉得，谁会夺得天下？"

刘文静说："远在天边，近在眼前，能得天下的，必然是你李氏。"

李世民大吃一惊，急忙制止他："先生万万不可乱说。"

刘文静说："我不是凭空乱说，而是有根据的。如今的各路义军，或者是草莽出身，或者是世家贵族，但哪一个能有如今太原的潜力大？不管是军事实力还是地理位置，太原所占据的条件都非常独特。如果你父亲愿意举事，只要义旗一展，肯定会有大批的人前来投奔，而洛阳、长安又近在眼前，只要部署得当，就能占尽先机。"

对于刘文静的这番分析，李世民的心里其实已经想过很多次了，但是却一直不敢说出来。只因李渊交代他一定要小心谨慎，不可随便对他人言。但是眼前这位，虽然身在狱中，对外面的态势却了如指掌，看来他早就有志于此。终于遇到了一个能畅所欲言的对象，李世民不由得非常激动。他将自己的想法和盘托出，但是却苦于父亲并不支持，让他非常烦闷。

刘文静说："这是惊天动地的大事，留守大人谨慎是必然的。现在虽然还不能立刻开展做大事，但公子还是可以做很多事的。广招兵，深屯粮，这些都是事前的准备工作。有了充足的准备，我们才能一举成功！"

刘文静的建议正中李世民所想，两个人越谈越投机。

虽然刘文静身在狱中，李世民暂时还不能营救他出去，但这一点也不妨碍他们之间的交流。根据刘文静的建议，李世民不断充实着自己的军事实力。在李渊举事的整个过程中，刘文静都在关键的时刻提出了正确的建议，他成为继裴寂之后，李氏父子的又一位得力助手。

在和李世民结识之后，刘文静参与了李渊起兵的全过程，其间他还出使突厥，对唐的边境安定作出了贡献。唐建立之后，他不仅参与了律令的起草修改，还在平定薛举的战斗中表现卓越。

李世民不拘一格与他结交，并未因他身处牢狱而错过这位英才。唐高祖李渊鉴于他的功劳，曾经特别赐予他和李世民、裴寂三人免死的令牌，刘文静之功勋卓著，可见一斑。

一代纯臣，茂公归附

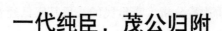

李勣（公元594年—公元669年），原姓徐，名世勣，字懋功，汉族，曹州离狐（今山东东明一带）人。因唐高祖李渊赐姓李，故名李世勣。后因避唐太宗李世民讳，遂改为单名勣。李勣是唐朝初期优秀的战将，他功勋赫然，晚年获封英国公，是凌烟阁二十四功臣之一。唐太宗曾称赞他："预艰难于藩邸，参经纶而方面。南定维扬，北清大漠，威振殊俗，勋书册府"。

李勣生自富甲一方的豪绅之家，自幼好武，"家多僮仆，积粟数千钟"。青年时的李勣虽为富豪公子，却非贪图享受之辈，相反，他为人慷慨，乐善好施，与父亲李盖经常仗义疏财，济寒赈贫。

隋炀帝统治末期，李勣目睹纷乱之世的人民疾苦，内心深恤民众，立志建一番大业。隋大业十二年（公元616年），翟让在瓦岗（今河南滑县南）聚众起义，李勣就近参加了翟让的军队。那时他年仅十七岁，就已经心思缜密，很有想法，常为翟让出谋献策。他曾劝谏翟让说："今此土地是公及勣乡壤，人多相识，不宜自相侵扰。且宋、郑两郡，地管御河，商旅往还，船乘不绝，就彼邀截，足以自相资助。"翟让听后十分赞同此议，于是依言而行，改在运河上劫取公私财物，以备军资，不久兵众大振。隋朝见起义军势力渐盛，急忙派名将张须陀率两万兵众前去镇压。翟让胆怯欲逃，李勣阻止了他，毅然带领为数不多的义军与隋军交战，竟大获全胜，还于阵中斩杀了张须陀，瓦岗军遂声威大振。

当时，蒲山公李密参与杨玄感反叛，兵败后逃亡到瓦岗军中。李勣素知李密出自官宦世家，乃当世英雄，就与王伯当一同劝说翟让奉李密为主，这样能够为起义军正名，赢得人心，壮大瓦岗军的声势。于是李密成为瓦岗军的首领。

不久，隋朝又令王世充征讨瓦岗军，李勣以奇计在洛水两岸数败王世充，因功获封东海郡公。此时河南、山东地区正遭水灾，虽然政府下令开仓济民，但由于官员执行不力，赈济不周，使得饥民遍地，饿殍无数。李勣发觉这是个时机，便向李密进言："天下大乱，本是为饥。如果我们攻陷黎阳国仓，大事可成矣。"李密称善，即刻派李勣带五千兵士掩袭黎阳仓隋朝守军，当日就攻占了国仓，义军迅速开仓，散粮救民。饥民得到粮食，纷纷投奔义军，十天之间，瓦岗军便接收来归者二十多万人，队伍立时壮大。

随着形势的蓬勃发展，瓦岗军内部却乱了阵脚。李密与翟让为争权而反目，李密在部属的劝说下设计杀死了翟让，斗乱中，李勣也受牵连被乱刀砍伤。李密见到后马上制止了士兵的杀戮，李勣才免得一死。李密将李勣扶入帐内，亲自为他上药，还让李勣与单雄信等人统率翟让旧部，"中外遂定"。后来，李密逐渐骄傲，不体恤下士，仓粮虽多，但不发军饷，兵将怨言渐多。李勣担心军心不稳，向李密谏言。李密心中不悦，将他派守黎阳，"虽名委任，实亦疏之"。

字文化及弑杀隋炀帝后，越王杨侗即位于东京洛阳。为抵抗宇文化及，杨侗招降李密，封魏国公，拜太尉，另授李勣右武侯大将军，命他们一同讨伐宇文化及。李勣守黎阳仓城，宇文化及率军四面攻城，危急之下，李勣带部下在城中挖地道，顺着地道逃到城外，大败宇文化及，突围而去。

武德二年（公元619年），李密兵败王世充，入关投靠李渊。李勣仍据守黎阳等十郡之地，未有归属，后来他听从魏征的劝说，归附唐军。

唐高祖授李勣为黎阳总管、上柱国，加右武侯大将军，封曹国公，赐良田五十顷，甲第一区。另外，高祖还命他统领"河南、山东之兵以拒王世充"。他的父亲李盖也受到了封赏。

十月，窦建德率军进攻黎阳，大败李勣，一举破城，并俘虏了李盖，以其为人质。李勣虽已突围出城，但因父亲落入敌手，只得降敌。窦建德令李勣任左骁骑将军，仍守黎阳。但李勣心念归唐，可又担心父亲，为了博得窦建德的信任，他主动出击王世充，屡建战功，终于使窦建德放松了警惕。次年，李勣趁机归唐，有人劝窦建德杀掉李盖，窦建德认为李勣"不忘本朝，乃忠臣也"，遂派人送李盖归唐。

再次归唐不久，李勣随从秦王李世民平定刘武周，大获全胜。同年九月，唐军于邙山击败王世充军，进逼洛阳，李勣受命率军赴辕辕道安抚敌众，紧接着，荥、汴、洧、豫九州相继来降。就这样，李勣跟随李世民东征西讨，连平窦建德、刘黑闼等割据势力，屡建功勋。

李勣戎马半世，征战南北，尽洒勇武谋略于沙场，为大唐立下了盖世勋业。唐太宗曾评价他说："隋炀帝不解精选贤良，镇抚边境，惟远筑长城，广屯将士，以备突厥，而情识之惑，一至于此。朕今委任李勣于并州，遂得突厥畏威远遁，塞垣安静，岂不胜数千里长城耶？"太宗赞叹李勣一人之力堪比长城，可见他在大唐的柱石地位。

武德八年（公元625年），东突厥颉利可汗屡次掳掠并州一带，高祖命李勣为并州行军总管，以抵御突厥。太宗时期，又拜李勣为并州都督，让他管治太原等军事要地。贞观三年（公元629年）十一月，突厥又犯河西地区，李勣奉命率十几万大军出击，于白道大败突厥。颉利可汗请和，李勣与李靖商议，二人不谋而合，欲趁唐史受降之机穷尽突厥余孽。于是，李靖突袭颉利可汗牙帐，李勣屯军碛口堵截，前后夹击，彻底剿灭颉利可汗余兵，俘获敌兵五万多人，凯旋而归。

贞观十五年（公元641年），李勣官拜兵部尚书，未及就任，边关再次告急。薛延陀真珠可汗纠合同罗、回纥等族军队二十万，袭击已归降的突厥李思摩部。太宗立即遣李勣前往救援。于是，李勣受任朔州道行军总管，率精骑三千，在青山与薛延陀军相遇。薛延陀军列阵射箭，大唐兵马在乱箭中损伤严重。见此情景，李勣速令骑兵下马，持槊猛冲敌阵。他身先士卒，在箭雨中勇斗敌众，兵将倍受鼓舞，奋勇杀敌，很快将薛延陀军阵打乱。副总管薛万彻也及时赶到，唐兵合力冲杀，薛延陀兵溃北逃，又遇暴雪，兵畜冻死无数。唐军反击薛延陀大获全胜，斩杀名王一人，俘获敌兵五万多。李勣在此战中功居第一，显示了他优秀的军事才干，太宗对他更加青睐。

贞观十八年（公元644年），唐太宗进攻高句丽。他令李勣为辽东道行军大总管，率六万大军，进发辽东。次年三月，李勣以声东击西之计，惑敌制胜，攻占了盖牟城（今辽宁抚顺）。李勣乘胜进军，太宗亦率万众军队赶至辽东，李勣以抛石车投石击城，乘风点火，城中大火一片，官民皆乱，唐军于混乱中一举攻城。接着唐军又乘胜进军白崖城，高句丽守将抵挡不住，遂交城投降。

人生命运的不定，令李勣数易其主，但他确实是个有情有义、赤胆忠心的人。对主上的恩德，李勣尽忠竭智地报效；对朋友的困难，李勣义无反顾地去分担；对亲人的痛苦，李勣身体力行地去慰藉。观其一生，无论是对国尽忠还是为家尽孝，李勣都做到了，难怪高祖赞他"实纯臣也"。

第四章
父子联手，灭隋建唐

李氏父子在晋阳起兵之后，李渊就以长子李建成为陇西公，左领军大都督，统左三军。而李世民为敦煌公，右领军都督，统右三军。之后，南攻霍邑，西渡黄河。攻克长安后，立隋炀帝孙代王杨侑为帝，改元义宁，是为恭帝。公元618年三月，隋炀帝被杀，五月，李渊即位，改国号唐。

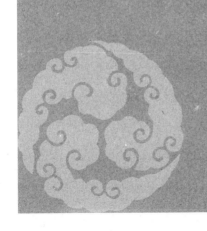

多疑可汗，对症下药

李渊在太原的准备工作进行得非常顺利，军力不断扩张，士族子弟也不断前来投靠，周边的义军或被收编或被平定，各方面都得到了均衡的提升。对于这个态势，李渊非常满意。

但天有不测风云，正当李渊踌躇满志想要起兵之时，突厥的军队却忽然到了太原城外，这毫无预兆的突变让李渊措手不及，他急忙召集谋臣讨论应对之策。

年轻气盛的刘弘基站起来说："现在以太原的兵力，放眼天下也没有多少敌手。这个始毕可汗来犯，倒不如放手一搏，将他拿下，壮我军威！"

几个年轻的将领听了这话，也热血沸腾，纷纷表示支持。只有老成持重的裴寂说："我们所要面对的最大敌人，首先是隋军，接着还有大小义军，这些都是要损耗很大兵力的，也是我们操练部队的主要目的。谁料到突厥忽然来犯，实在对我不利。一来，我们还没有准备好对付突厥；再者，一旦开战，以勇悍著称的突厥势必会削减我们的大量力量。虽然我们实力相当，不一定会输，但如果隋军乘机来攻，再加上各路义军，到时候可就难保胜算了。"

裴寂一席话分析得透彻，李渊也不断点头，他环顾四周，只见大家一个个都开始变得静默，都在为这个突然冒出来的敌人而头疼。

李渊笑了一笑，故作轻松地说：“其实，我们既然要起兵，内外的忧患都要想到，只不过在计划之中，我是先打算平定义军，增大实力，然后和隋军对阵。等到平定了这些内患之后，再出兵平定突厥。人算不如天算，现在突厥反而第一个冲到我们的面前来了。不过也不用因此惊慌，行军打仗，讲究的就是应变，如果这点变化都应付不了，我们还怎么去应付接下来更多、更大的战斗？”

听了这话，李世民忽然站起来，对李渊和诸将说：“突厥来犯，我们不能不抵抗，不管是为了保卫国土，还是被迫迎击。但现在的情形，我们不能浪费实力，所以一定要尽快寻找办法，将损失减到最少。”

李渊看着这个儿子，从之前的激情莽撞，到现在已经变得越来越沉稳。他已经不再会第一时间要求开战，也不再只想用武力去解决这些问题，而是经过慎重思考，希望可以找到最佳的解决办法，这正是他成熟的表现。

李渊问：“你有什么好办法？”

李世民说：“不知道父亲还记不记得，那一年我跟随云定兴去雁门勤王救驾，就是和这个始毕可汗正面对阵。”

李渊说：“我当然记得，那是你第一次领兵，就取得了勤王大捷。”

李世民说：“有了那一次的交锋，这位突厥可汗和我也算是老对手了。通过上一次交战，我发现他是一个非常多疑的人，所谓‘江山易改本性难移’，所以，这一次我打算还是用老办法来对付他！”

李渊急忙说：“那可不行！计谋使用一次就够了，第二次肯定会被识破。始毕可汗也算是一代枭雄，他霸占北突厥草原多年，征伐无数，你的这些把戏要是再次摆在他的眼前，肯定会被他拆穿。”

李世民说：“我只是抓住了他多疑的弱点，针对他这一点下手而已，并不会完全照搬上一次的办法。”

看李渊依旧有些不放心，裴寂说：“世民虽然年轻，但是已经参与了很多次实战了，而且又饱读兵书，相信他一定能拿出一个好的解决办法。现在正是磨炼年轻人的时候，倒不如就把机会给他，让他好好表现一下。”

李渊半信半疑地点点头，对李世民说：“那你把计策说出来，让我们听听你想怎么做。”

李世民胸有成竹地说道：“我这个计策还是以一个‘疑’字为中心。现在突厥来犯，兵马实力相当，所以我们与始毕可汗要拼的是谁更加勇猛。而一旦他发现其实我们太原的实力远远强于突厥，他恐怕就不会动摇了。所以，我要造成一个假象——太原的兵马实力非他所看到的那样，而且还在不断增长。”

刘弘基、长孙无忌等人聚到李世民身边，焦急地说道：“我们就依照你的计策行事，你快说说我们该怎么办。”

李世民说：“这两天，突厥在太原城外远远驻兵。我们要做的第一步，就是放倒城头的旗杆，撤下布防，城门也要半开，将守城的卫兵撤退。”

李渊说：“这岂不是非常危险，突厥乘势来攻可怎么办？”

李世民说：“您放心，在没有调查清楚之前，始毕可汗是不会轻易动手的。”他回身又对刘弘基等人说道，“我这么做，是为了让他觉得太原并不在意他。到了夜晚，你便带领一队军马，藏到城周的山林之中，第二天天亮，你便带着万人大军从突厥营前经过，进到太原城内，让他以为我们的援兵到了。”

刘弘基高兴地说：“妙计！妙计！这样一来，肯定能吓那个可汗一跳！”

李世民说：“依照这个办法，我们连日都可以重复实施。那始毕可汗一天不动手，我们就每天演一出援兵戏给他看。”

裴寂大笑着说：“二公子的计谋真是妙！我们的援兵源源不断，那始毕可汗就会被吓跑，也没有什么动手机会了！”

李世民说：“这正是我们的最终目的，不用一兵一卒，只用气势，就将他们全部吓跑！”

李渊听了这一番解释和布置之后，满意地点点头：“这个办法确实不错，但是也要小心始毕可汗不上你的当！”

刘文静等人说：“留守就放心吧，就算到时候真的开打，我们也不怕。如果二公子的计策成功，确实可以为我们节省下不少的兵马。”

画笔下的李世民

李渊点点头说："既然这样，那就依计行事。"

李世民领命，带着刘弘基等一千年轻将领，一番布置之后，当天夜里便派了数万人的队伍悄悄出城。等到第二天天色大亮之后，那支队伍又雄赳赳地进到太原城里。如此反复了六天，始毕可汗终于坐不住了，眼看着太原的援兵不断，马上就要超过自己的兵马一半多了，真的打起来，自己的胜算确实没有多少，倒不如先撤退再说。

第六天，李渊登上城门一看，突厥军队已经拔营离去，不由得哈哈大笑，对李世民说："这一次，可是全赖你的妙计，才能不费一兵一卒就将始毕可汗赶走！兵法云：攻城为下，攻心为上。只要他军心动摇，胜利就是我们的了。"

李世民谢过父亲的夸奖，笑着说："当年我在雁门关和始毕可汗对阵，用的就是这个计策，这一次又是用疑兵之计将他退兵，等他回去之后发现了真相，肯定会暴跳如雷！"

裴寂说："二公子所言极是。那突厥可汗本来就是暴躁之人，要是发现我们骗了他，说不定会有更凌厉的反扑，我们应该及早想一想对策才是。"

刘弘基大大咧咧地说："现在我们是顾不上，所以才放他一条命，等到我们平定了其他地方，他再来的时候，一定打他个落花流水。"

裴寂说："那如果我们正在平定其他人马的时候，他忽然来犯，我们岂不是腹背受敌？"

李世民沉思了一会儿，说："裴叔父说得对，看来我的眼光还不够长远。"

李渊拍了拍他的肩膀，对他说："你也无须自责，突厥一直都是反复无常。当年文帝将义成公主下嫁给他，希望可以通过和亲换取边界的平安，但是你看现在还不是一样不断来犯。为了我们的金银玉帛，他会不断来挑衅，我们和他之间，注定要有一场大战的。"

李世民听到李渊的话，忽然灵光一现，对李渊说："既然他求的只是我们的金银玉帛，那我们就给他，这样他不就不会再来骚扰边境了吗？"

李渊奇怪地看着他说："这是什么意思？你什么时候变得这么没有志气了？"

李世民笑了笑说："不是孩儿我没有志气，只是始毕可汗始终是一个大患，我们不可能分出兵力来一直在这里等着他。倒不如给他金银财宝，让他满足，等我们真正有实力战胜他的时候，再和他一决胜负。到那个时候，再让他知道我们的志气！"

一直在边上的刘文静听到李世民这一番话，不由得拍着手说："说得好！大丈夫顺时处事，能屈能伸，先放低身份与他交好，等到有实力的那一天再决胜负！二公子真是有过人之见！我愿意出使突厥，把这个意思向始毕可汗传达，以保我边疆安宁！"

李渊、裴寂等人也纷纷点头，对李世民和刘文静这一提议表示赞同。

在乱世之中，谋安稳向来都是非常不易的，李世民正是抓住了对方的特点，以疑兵退敌，又投其所好。通过他的策略，不仅让突厥始毕可汗对太原退避三舍，而且让突厥远离中原，为李渊的征战起兵解除了后顾之忧。李世民，这位被千古传颂的英雄深深明白：所谓的英雄胆气不是一时的豪勇，而是放眼将来，以对局势最为有利为原则来选择自己的姿态，并不以一时的屈就为耻，因为他有想要达到的更为高远的目标。

能屈能伸，先稳后杀

李渊经过充足的准备之后，竖起了反隋的大旗，他纪律严明，军法严肃，与民约法，稳定了局势，所到之处都受到了百姓的爱戴，在政治上获取了完全的主动。与此同时，他不断征服周边的义军，让自己的队伍扩大起来，在王世充、窦建德、李密等人都蓬勃发展的同时，李渊也不甘落后。

占据着陇西等主要地盘的李渊，封自己的大儿子李建成为唐国公世子，以裴寂为丞相府长史，刘文静为司马，礼乐征伐都进行了严密而细致的布置。随着一次次胜利的获得，他不仅迫使隋将屈突通投降，大破薛举、薛仁杲父子，并镇压了企图在河西地区自立为帝的凉王李轨，乘着获胜的势头，刘武周、萧铣等义军队伍也被荡平。然而，在平息了这些力量之后，义军中的巨头李密成为了他不得不面对的一个敌人。

隋大业十三年（公元617年），李渊和李世民父子计划要进军关中。隋军的主要战斗力量集中在这里，打算和李渊决一死战。但让李渊放心不下的，却是位于洛阳附近的李密。

李渊迎风站在高处，看着自己的军营，对身后的李世民说："我们从起兵走到现在，每一步都非常不易，只要一步走错，之前所付出的所有努力都会化为灰烬。这一点，你明白吗？"

李世民说：“我明白，所以走得越远，我们就要越加谨慎。”

李渊说：“现在，我们就要入关了，这可是严峻的一战。但是身后却站着一个更为严峻的敌人。其实我知道，他也是非常想要入关的，只不过被洛阳缠住了，一时半会儿离不开而已。可若是我们执意前行，势必会牵动他，到时候他要和我们争起来，我们前要对付隋军，后要对付他，那可就难办了！”

李世民点点头，说：“正是如此，我们不能两头作战，必然要停下一边来。”

两个人正说着话，裴寂气喘吁吁地跑过来，手里拿着一封信，递给了李渊。

李渊打开信一看，不由得怔住了。李世民急忙问：“父亲，是谁来的信？出什么事了？”

李渊说：“是李密，他邀请我前往河内郡与他结盟。”

“啊？这怎么成！”李世民激动地说，“李密在这个时候邀请您，分明是有企图！”

裴寂顺了顺气，对李世民说：“也难怪他会写这样的信来，之前我们和其他义军作战的时候，主公曾经写信给他，表示想要和他结盟，但那只是为了让他不与我们为敌而想出的权宜之计。没有想到现在李密居然将计就计，要我们去河内郡和他结盟。”

李渊边往回走边说：“李密也算是将门之后，他之前是无暇顾及我们，所以才接受了所谓的‘结盟’一说，而暂时没有与我们为敌。现在他这样明显地邀请我们，看来是已经容不下我们了。”

裴寂说：“一山难容二虎，现在各地的义军都已经平定得差不多了，有实力和他抗衡的显然没有几个了。而他和王世充在洛阳对垒，一时半会儿局势还不够明朗，但我们的势头却发展迅速，所以他想腾出手来先把我们制伏。"

李世民说："听说这段时间以来，李密连续被王世充打败，照理他自顾不暇，却想要和我们争夺，真是不自量力。"

李渊摇摇头说："百足之虫，死而不僵。虽然他暂时吃了败仗，但不等于他就不能重新站起来。我们不可轻视他。"

几个人边说边走，不一会儿便来到了军帐中。李渊命人召集将士，希望大家一起出谋划策。刘文静看大家一时也没有什么主意，便对李渊说："主公，李密的心思很明显，您这一次可千万不能去河内郡。"

唐俭说："现在是两难，如果去了河内郡与他结盟，那就吉凶未卜了；但如果不去，就怕李密会以此为借口，说我们根本没有诚意与他结盟，进而与我们为敌。"

李渊说："是啊，现在的情况，看来只能做出取舍了：是先进关中攻取长安，还是先和李密为敌！"

尉迟敬德等几员武将纷纷说："既然如此，我们就先给李密一个教训，将他制伏，反正也是迟早的事儿！"

这时，在一旁皱着眉头思索的李世民忽然站起来说："不行，我们不能先与李密为敌！"

一句话说出来，大家都不解地看着他。目前的情形，李密是逼迫李渊最紧的一支势力，而且他最近和王世充打得不可开交，还连吃了几次败仗，要是乘这个机会与李密决战，也许可以将他消灭。而进攻关中，却可以缓一缓。但是，李世民为什么会反对呢？

李世民见大家都疑惑地看着自己，便解释说："现在，看上去我们和李密交战会占一些便宜，但是你们别忘了，李密的背后还有一个王世充。如果我们战败了李密，接下来就要和王世充交战。这将要拖延我们很多时间！而进攻关中，看上去很简单，也无须过急。但关中的意义不同。长安是都城，谁先进长安，谁就能先控制天下！这也是李密为什么想进长安，看到我们要进攻关内他着急的原因。所以，现在我们决不能因为和他为敌，而耽误了入关的时机！"

李渊听了这些话，和裴寂、刘文静等对看一眼，默默地点点头，表示同意。

刘文静说："但是现在，李密已经逼到我们家门口了，要是主公不去和他结盟，也许他马上会挥戈相向，和我们兵戎相见了！这样不也是耽误了入关吗？"

李世民说："所以我们现在要想办法，先让李密不与我们为敌。我已经有一个计策，但是要让父亲受委屈了。"

李渊忙问："是什么计策，说来听听。"

李世民不慌不忙地说："李密是一个好大喜功的人，我看了看刚才他写给您的信，赫然已经以'盟主'自称了，而父亲之前为了避免与他为敌，也一直尊他为盟主。这一回，就请父亲再放下身份，向他服个软，尊他一回盟主！"

李渊若有所思地想了想，说："这样，就可以让他不与我们为敌了？"

李世民说："当然，要做到这一点，我们不仅让他做'盟主'，还要让他做'皇帝'。父亲可以修书一封，告诉李密我们这次进关无意争夺天下，因为自认不敢和他对抗，我们的队伍只是为了给他扫平障碍而已，天下必然是他李密的。"

李渊笑着说："你这个办法确实抓住了李密的弱点，以我对他的了解，他听到这些，绝对会开心得不得了！"

在洛阳城外李密的军营中，因为连遭败仗，将士们的士气都有一些低落。李密来回看了几趟，心里不由得有点着急，王伯当等人跟在他身后，看他黑着脸，也不敢说什么。

回到大帐，李密对王伯当说："王世充他以为可以长久占据洛阳，我偏不信！我一定要将他赶出洛阳去！"

王伯当说："主公，我们现在需要休整，将士们连日来作战已经非常辛苦了。我们可以等休整好了之后，再回来和他一决雌雄！"

李密一拍桌子，大喝一声，说："你这话什么意思？难道要我败北逃亡？不拿下洛阳，我哪儿也不去！"

王伯当说："其实，有一个地方，比洛阳更加重要，就是长安。主公何不先去夺长安！"

李密说："长安我也要夺，李渊现在想要入关，我也不会放过他！"

怒气还没有消散，门外有人来报，李渊遣使送信来了。

李密打开李渊的来信，紧皱的眉头慢慢展开，到最后，居然忍不住大笑起来。王伯当等人看着他那副模样，都有点摸不着头脑。王伯当慢慢向前低声问："主公为何发笑？"

李密大笑着说："这个李渊，原来以为他是个英雄，现在看来不过如此。你看他在信中口口声声称我为兄长，以我为'盟主'不说，还说自己的军队只是为我开路。他年老体弱，希望将来我要是能封他一个唐王，他就心满意足了！哈哈，原来他只有这么点出息！"

这时，一直站在人群后没说话的李勣站了出来，大着胆子说："主公，您写信给他，是让他来会盟的，结果他没有来，这可是忤逆！"

李密笑着说："李渊在信里解释了，他说我才是能解救万民的天降福音，所以他要为我开拓疆域，打开长安的大门迎接我！"

李勣说："李渊这个人生性狡猾，主公不可轻信，长安如此重要，天下英雄皆欲得之，他若得了，还肯交给主公？"

李密眼睛一瞪，说："难道你认为他敢独吞？谅他也不敢！"说着不再听众人的劝说，命令单雄信赶紧操练队伍，一定要打败王世充。

李渊在对李密卑躬屈膝地进行过赞美之后，获得了宝贵的时机。英雄低头，并不是屈服，而是为了将头昂得更高。他趁李密洋洋自得的时候，长驱直入，迅速地占领了长安，在义军中抢占了先机。拥有了长安的李渊，迅速展开了自己的计划，拥立代王杨侑为新皇帝，并以杨侑的名义开始征伐其他的起义队伍。而李密因为在洛阳连连失败，军力几乎损耗殆尽，终于无法继续反抗，连以前所说的要消灭李渊的话都无法实现了，只能投奔李渊而来。

李渊听说李密来降，十分高兴，接连派出使者迎接。李密见到这种情形很高兴，对诸将说："我有兵众百万，一朝解甲归唐……山东大片地区都曾归我统辖。得知我已归唐，遣使招之，肯定都会归附过来的。同窦融以河西之地归汉光武帝相比，功勋也很卓著，怎么也能让我做一名宰相吧！"

李密一直认为自己功劳很大可以做宰相，但是，到长安以后，他并没有受到热情接待，部下和士兵竟然几天没有进食，都很气愤。表面上，李渊对他很亲热，经常以兄弟相称，并将外甥女嫁与李密为妻，但仅以李密为上柱国、光禄卿，赐爵邢国公，这让李密很失望。李密得不到朝臣应有的尊重，执政的宰相甚至向李密索要贿赂，李密心中怒气油然而生。

第四章　父子联手，灭隋建唐

李渊听说李密的旧将士与王世充不和，打算派遣他前往收服。唐多数朝臣认为不妥，他们认为李密非常狡猾，如派他去，无异于放虎归山，要让他回来是不可能的了。李渊说："为天子者自有天命，即便李密叛去，不过如将蒿做的箭射入蒿草之中，必无所作为！现在把他派出去，与王世充相斗，朕可以坐山观虎斗。"

李渊派李密往山东，把他还未收附的余部收附。李密请求和贾闰甫一去，得到了李渊的同意。李渊命李密和贾闰甫一起登上御榻，又把食品赐给他们。李渊喝了手中的酒说："这杯酒代表我们同心一致，二位好好建立功勋，好好地完成朕的心愿。大丈夫一言既出，驷马难追。有人坚持你不适合去完成这次任务，朕以真心对兄弟，别人是不可能离间的。"李密、贾闰甫再三拜谢受命。王伯当作为李密的副手被派往山东。

十二月初一，李密从长安出发，前往山东。李渊尽管力排众议，派李密出行，可他对李密并不放心，所以当李密行至华州（今陕西华县）的时候，李渊下达一项命令，命李密旧部的一半留驻华州，只把一半的兵马带出关。此时，有人上密表，说李密必叛。李渊这时也后悔了，虽然想把他调回，可又怕他反叛，就下一道敕书，命李密所部减速前进，让李密单独回朝，有要事相商。李密行至稠桑（今河南灵宝北），收到李渊的敕书后，对贾闰甫说："之前派我出行，现在又突然找个理由将我召还，临行时，天子说有人坚决不同意让我出行，要是现在回去是死定了。不如索性攻破桃林县（今河南灵宝北老城），将粮草全部劫走，向北渡过黄河，等消息传到熊州，他们已是鞭长莫及。一旦到达黎阳，就大功告成了。你看怎么样？"

贾闰甫说："主上对待明公您非常好，更不用说国家的李姓符合图谶，天下最终要统一，您已经归顺李唐，却又产生了别的意图。史万宝、任瑰在谷、熊二州，要是早晨发动这事，晚上他们的军队就会赶到。即使攻陷桃林，也来不及招募士兵，一旦被称为叛逆，又有谁能容纳？我为明公您设想，不如暂且听从皇命，以表明根本没有异心，那些谮言自然不攻自破。您再想出关前往山东，可以从长计议。"

李密生气地说："唐让我与绛侯周勃、灌婴一样不能封王割地，谁能咽得下这口气呢？况且他与我都应了谶文。今天放过我，听凭我向东前进，这些都证明我有王者之命；即使关中被李唐平定，山东最后也是我的。老天爷给的不拿，却要白送给人！你是我的亲信之人，怎么这样想？如果你我不同心协力，就斩了你以绝后患！"

贾闰甫痛哭流涕地说道："明公您虽说也应图谶，可是最近从天道人事来看，已经逐渐地不合适了。现在海内人心离散，人人想独掌政权，弱肉强食；而连明公您都开始了逃亡的生活，又有谁能听您的调遣？况且自从翟让被杀以后，很多的人都说您弃恩忘本，今天谁还肯让您来把握兵权呢？他们必定顾虑您会夺兵权，您要加以抵抗，一朝失势，将无法再立足下去了！如果不是您曾给我特殊的厚赐，我怎么会如此诚恳地规劝您呢？希望您能认真思量，以后将不再有如此的福分了。要是明公能够安身的话，闰甫我又怎能怕死？"这些言辞激怒了李密，举刀要砍贾闰甫，幸好王伯当等人在场劝阻，李密才放了贾闰甫。

接着，李密斩杀了李渊来使，于十二月三十日清晨，挑选骁勇之士数十人，身穿妇女衣裙，头戴妇女遮面头巾，藏刀于裙下，以李密妻妾的名义进入桃林县舍。瞬间，脱去妇人服装，挺刃而出，攻下县城之后又向东挺进，并派飞骑命张善相出兵接应。

当时镇守熊州的唐右翊卫将军史万宝，看到这样的情况，对副将

第四章 父子联手，灭隋建唐

盛彦师说："李密诡计多端，再加上辅助他的王伯当，恐怕挡不住他们。"盛彦师笑着说："您只需给我兵马几千，我定会带李密的人头来见您。"史万宝问："你以何策破敌？"盛彦师说："古人云：'兵不厌诈。'现在还不是讲出来的时候。"于是盛彦师率众进入熊耳山，在山谷之间设下伏兵，下令等李密军半渡山涧之时出击。有人问："听说李密要往洛阳，您为什么偏偏在相反的南边驻防呢？"盛彦师说："李密是声东击西，其实他要往襄城（今属河南）投靠张善相，只要我们埋伏在这里，肯定能抓住他。"

李密过陕州后，过分大意，缓慢地带着众人前进，果然从南面出山的时候，遭遇到了盛彦师伏兵的攻击，失去联系的李密部队首尾不能相顾，李密和王伯当当场被杀，首级被送回了长安。

誓师出征，傀儡为帝

李渊西取长安的进军路线是沿汾河东岸南下，直取潼关，而霍邑则是进军途中第一个军事目标。

消息传至长安，留守京师的代王杨侑立即命武牙郎将宋老生率精兵两万屯驻霍邑，同时派左武侯大将军屈突通驻河东，阻截李渊的西进。当李渊的大军行到霍邑西北五十里的雀鼠谷至贾胡堡，恰逢秋雨连绵，道路泥泞，不得不扎营于贾胡堡。由于秋雨一直不停，李渊不得不派出一部分士兵返回太原，增运一个月的军粮。霍邑地形险要，有险可依。

守将宋老生与河东的屈突通遥相呼应，是李渊西进关中的第一道障碍。

这时，军中谣传刘武周联合突厥南下，一时又不能证实谣传是否属实，增运粮食的士兵还没有返回，将士们有些不安。李渊召集将领商讨对策，裴寂等人都说："宋老生、屈突通联兵据险，未易猝下。李密虽云联合，奸谋难测，突厥贪而无信，唯利是图。武周，事胡者也。太原一方都会，且义兵家属在焉，不如还救根本，更图后举。"

李渊赞同裴寂等人的意见，而李世民反对说："刘武周位极而自满，突厥少信而贪利，虽相附，内实相猜。突厥必欲远利太原，宁肯近忘马邑！武周悉其此势，未必同谋。又朝廷既闻唐国举兵，忧虞不暇，京都留守，特畏义旗。所以骁将精兵，鳞次在近，今若却还，诸军不知其故，更相恐动，必有变生，营之内外，皆为勃敌，于是突厥、武周不谋而至，老生、屈突通追奔竞来。进阙面南，退穷自北，还无所入，往无所之，畏溺先沉，近于斯矣。"

李世民对形势的分析是正确的，表明了突厥与刘武周尚有存在矛盾的一面，并由此指出了撤退将产生严重的后果。李世民还进一步阐述："今禾菽被野，人马无忧，坐足有粮，行即得众。李密恋于仓粟，未遑远略。老生轻躁，破之不疑。定业取威，在兹一决。诸人保家爱命，所谓言之者也。儿等捐躯力战，可谓行之者也。耕织自有其人，请无他问。雨罢进军，若不杀老生而取霍邑，儿等敢以死谢。"

然而，老成持重的李渊，虽然认为李世民讲得有理，却仍然下令大军返回太原。李世民见自己的意见未被采纳，便想要再次向父亲进言，可是当时天色已晚，李渊已经就寝，李世民不敢贸然入内。李世民与哥哥伫立在军帐之外，为拔营返还太原的决定而痛惜万分，不禁失声痛哭起来。李渊听到帐外的痛哭声，便将两个儿子召入帐内，李世民再次进谏说："今兵以义动，进战则克，退还则散；众散于前，敌乘于后，死亡无日，何得不悲！"

听世民这么一讲，李渊也有所感悟，说道："大军已向北出发，如何是好？"

李世民见父亲态度有所转变，说道："右军严而未发；左军虽去，计亦未远，请自追之。"

李渊见李世民如此有见识、有决断，便说："吾之成败皆在尔，知复何言，惟尔所为。"

李建成、李世民连夜乘马向北进发，将已经出发北上的左军全部追回。丙子日，从太原增运的军粮也运达贾胡堡前线。

李渊集团在贾胡堡前线关于进军与退兵的分歧，关系到西取长安、夺取天下的大局。李世民对于形势的分析和进退利害的论断，并非是危言耸听。在关键时刻，是李世民据理力争和行动上的按兵不动，使得李渊在西进关中的重大决策问题上避免了一次重大的失误，显露出了李世民杰出的战略才能，为李渊的西取长安立了一大功劳。事后，李渊也埋怨裴寂说："懦夫之徒，几败乃公事耳！"

八月己卯，长久的阴雨天气终于放晴。第二天，李渊下令军中晾晒铠甲行装。第三天，乘着漫天大雾，李渊带领骑兵从东南山旁小路神奇般地出现在霍邑城前，在城东五六里处扎营。霍邑易守难攻，宋老生采取坚守城池、不领兵出击的战略。李渊的军中攻城装备缺乏，如果久攻不下，将处于不利地位。李建成、李世民知道父亲的忧虑，便建议说："老生勇而无谋，以轻骑挑之，理无不出；脱其固守，则诬以贰于我。彼恐为左右所奏，安敢不出！"

李渊认为这个计谋很好，派出骑兵进至城下，做出攻城的姿态，然

谋定中原
唐朝开国奇谋

后建成、世民率数十名骑兵，一面做出围城的样子，一面大骂城中的守兵无能，不敢出战。在辱骂声中，宋老生恼羞成怒，率领三万士兵从东门、南门出战，李渊下令收缩阵地，宋老生误以为李渊畏惧而后退，便引兵前进，在距城下一里处布阵。这时李渊的步兵也相继赶到，列阵与隋军对峙。李渊想要下令军士先吃饭再战，李世民说："时不可失。"于是，李渊与建成布阵于城东，世民布阵于城南。交战后，李渊与建成的军队向后稍退，世民与军头段志玄自南原引兵驰下，直冲宋老生的军阵，使之腹背受敌。"世民手杀数十人，两刀皆缺，流血满袖"。激战时，世民令军士传呼："已获老生矣！"宋老生的部队闻听后顿时大乱，争相奔向城门，此时，建成、世民已分别把守住东门、南门。宋老生城门紧闭，退至城脚。此刻，城上守军放下一条大绳索，宋老生想要攀绳入城，被义军斩于城下。

这次大战陈尸数里，血流遍野。此刻，暮色已经降临，李渊下令立即登城。由于没有攻城工具，义军将士肉搏登城，终于攻克霍邑城池。霍邑战役的胜利，打开了通往关中的门户。在霍邑战役中，李世民立下

唐朝仕女图

了卓越的战功。

李渊在进入霍邑后，登城视察战场，他面对城下倒伏的无数尸体，动情地对左右亲随说："河东以来，孤之所使，百姓见义旗有诚节，老生所逼，至于涂炭。乱兵之下，善恶不分，火烧昆山，谁论玉石？无妨死人之内，大有赤心于我者也，取来不得。及此战亡，生未被知，没有余恨，静而思之，良深痛惜。从今已去，当以文德来之，不复用兵戈矣。"

胜利之后的重要事情之一是要犒赏三军。主管论功行赏的官吏请示参加义军的奴隶立了功该如何行赏？李渊说："矢石之间，不辨贵贱，论勋之际，何有等差？宜并从本勋授。"这对扩充他的军队起到了非常重要的作用。

一鼓作气，直取长安

李渊攻陷了霍邑，就等于进入了临汾郡的大门，李渊的义军现在已经到了秦晋交界的龙门。汹涌澎湃的黄河从这里进入华北平原，李渊在龙门县城仔细地观看形势，考虑是否渡河直取关中时，刘文静带着突厥的柱国大将军康鞘利及二千突厥骑兵、千匹战马前来会师，这更加增强了李渊渡河作战的信心。李渊对刘文静说："我已经到了黄河边上，最担心的就是突厥和刘武周会合骚扰太原。现在突厥前来帮助我，说明太原没有危险，我军可以放心渡河了。"不过，李渊的放心，只是对太原后方放心，他面前还有一个很让他担心的对手，就是驻守在河东的隋将屈突通。

屈突通是长安人，屈突通的父亲屈突长卿在北周时做过邛州刺史，所以他和李渊一样，有贵族出身的荣誉感。他在隋文帝执政时为亲卫大都督，与李渊同朝为官，不过，两人相知却不曾有缘相识。隋文帝曾派屈突通去陇右检察国家掌管的牧马，检查出负责的官吏隐藏了两万匹马不报告政府。隋文帝大怒，准备将负责牧马的太仆卿慕容悉达和各级监察官共一千五百人全部斩首。屈突通劝道："人命至重，死不再生，陛下至仁至圣，岂容以畜产之故，而戮千有余人？"隋文帝睁圆眼睛怒斥屈突通多嘴，屈突通叩头说："我可以受死，但请免除这一千五百多人的死罪。"隋文帝这才问屈突通为何如此？屈突通说："陇右养马，情况很不稳定。水草茂盛的年景，产马多；天旱草弱的年头，产马自然就少。可是国家制度规定产马多时赏，产马少时罚，负责养马的官员怕受罪，隐蔽一些马，为灾年顶数，也是常情，所以不可一见隐藏马匹，就认为是准备造反。何况在陇右牧马，生活艰苦，官员私藏一点马换些钱，也不能说是不可饶恕的大罪。"隋文帝于是减轻了这些陇右牧马监督官的刑罚。屈突通后来做了隋朝的右武侯车骑将军，克己奉公，和兄弟屈突盖同样以不徇私情、秉公执法出名。当时的贪官污吏害怕地说："宁食三斗艾，不见屈突盖；宁食三斗葱，不逢屈突通。"

隋炀帝时期，提升屈突通做了左骁卫大将军。秦、陇地区农民起义爆发后，屈突通被任命为关内讨捕大使，镇压了安定人刘伽论率领的十余万农民起义军。隋炀帝去江都巡游时，留屈突通在长安镇守，显然对他是寄以厚望的。现在，李渊从太原向关中进军，屈突通实际是负责阻挡李渊义军的隋军主力。他坐镇河东，时刻准备出击，李渊如何敢不重视这样一个强劲的对手？

　　汾阳县的一名隋军降将薛大鼎向李渊献计说："现在已经到了黄河边上，不如别管河东，就从龙门渡河，占领永丰仓后，关中可以很快平定。"李渊认为此计可行，一方面打听屈突通的动向，一方面派人去与河对岸的起义军孙华联系，准备渡河。

　　隋河东县户曹任瑰这时也归降了李渊，他自告奋勇，愿去说服河对岸的隋朝地方官吏和农民起义军归顺李渊。李渊立刻封任瑰为银青光禄大夫，让任瑰渡河见机行事，并且亲自给孙华写了一封信。

　　孙华是关中冯翊地区的农民起义军领袖，部下有数千人，多年来一直在龙门附近活动。他收到李渊的信后，立刻表示愿意归顺李渊。李渊下令进军至壶口，附近农民听说义军要过河进攻长安，纷纷送来渡船，一天之内就得船数百只，李渊因此建立了水军。

　　李渊想进入关中，就必须借助于天命说。他让还在太原的李元吉送来一块青石，说是在太原发现的圣物，李渊让所有头领和他一道观看，见这块青石上方下圆，很像一个乌龟。石上有红色的字，仔细辨认是："李治万世"。李渊又当面验证，用水磨青石上的字，但越磨字迹越鲜明。这事一经传开，李渊就被认为是身受天命的圣人，取亡隋而代之，是天经地义的。

　　也因为这件事情，孙华主动渡河来见李渊，李渊喜出望外，与孙华握手对坐交谈，封孙华为左光禄大夫、武乡县公、冯翊郡守。李渊说："卿能渡河远来相见，吾当贵卿，不减邓中华也。关中卿辈不少，名并劣卿，卿今率先从我，群雄当相继而至。"

　　李渊决定渡河的时候，仍然担心屈突通会乘义军渡河时偷袭。不过，反复打探后，发现屈突通并无行动的意思，于是他便让孙华先渡河去做接应工作，然后派左右统军王长谐、刘弘基和左领军长史陈演寿、金紫光禄大夫史大奈率领步骑六千从梁山过河，在河西列阵以待，掩护大军顺利渡河。曹任瑰以李渊所派招抚大使的名义在韩城一喊话，韩城隋军立即投降。李渊对王长谐说："屈突通精兵不少，相去五十余里，不敢来战，足见他的部下并不听他的话。不过屈突通不敢不战，因为他怕朝廷怪罪他。他如果过河来进攻你们，我就去攻打他的河东城，这座河东城肯定会落到我手里。如果他全力守城，你们就切断他的过河桥梁。他进退两难，除了被擒，不会有别的出路。"

屈突通果然怕受朝廷责备，派虎牙郎将桑显和率领数千人马乘夜袭击驻扎在河西的王长谐。王长谐正面迎敌，双方拉锯作战，孙华、史大奈率领骑兵突然进攻隋军背后，桑显和全军大乱。最后，隋军全军覆没，仅桑显和一个人逃回河东城。

就在桑显和在河西与王长谐部交锋时，李渊当机立断，率领大军包围了河东城。屈突通缩在城里不敢出来，李渊一时也不能把城攻陷。

经过一段时间的较量后，李渊又与众将商量下一步的行动计划。裴寂说："屈突通手下有很多精兵，现在就龟缩在城里。如果我军舍弃河东去进攻长安，屈突通一定会作再战的准备，等我们进攻长安不克时，截断我军的归路。那时我军腹背受敌，情况就危险了。所以，我军应当先克河东，解除后顾之忧，然后再举兵西进，攻打长安。长安之所以能与我军对抗，倚仗的就是河东屈突通的力量。我军如果消灭了屈突通，长安守军自然失去斗志，我军可以顺利破城。"李世民说："不对！兵贵神速，我军连续获胜，士气正盛，威名远扬，所以不断有人加入我军。乘势进军，长安隋将一定心惊胆战，有智慧也来不及拿出谋略，再勇敢也作不出决断来，我军攻下长安，如同摇落树上的枯叶。如果把时间都耽误在河东这座坚固的城墙下，隋军一定会找出对付我军的办法来。我军耗费时间，会导致军心混乱，岂不误了大事？况且关中群雄蜂起，正盼望有人去招抚，我军不可失去这一良机。屈突通现在不过是死守一座孤城，等我军夺取长安后他自然就是我军的俘虏，所以现在可以不必理他。"李渊认为裴寂和李世民说的都有道理，再加上现在军队已经有十几万了，可以分兵出击，所以决定留裴寂率领部分军队继续围攻河东，他自己率领大军渡过黄河向长安进军。

隋大业十三年（公元617年）九月下旬，李渊为了能够迅速夺取长安，一改步步为营的作风，推行大刀阔斧的战略方针，不等攻克屈突通把守的河东，就把军队的主力带过了黄河。

李渊先派孙华、刘弘基在河对岸做好接应准备，还绕到蒲津桥前，做出包围河东城的样子。然后，李渊亲自率领大军进攻河东城，他和李建成、李世民、裴寂各攻一面，使得屈突通疲于应付。突然，天降大雨，李渊乘势把已经攻上南城的一千名士兵撤下来，然后大军一起去壶口渡河入关中。屈突通弄不清李渊想干什么，躲在河东城里不敢发兵，结果李渊军队主力得以顺利过河，屈突通仍然不敢与李渊留下来的偏师交锋。

关中虽然是隋王朝的国都所在地，但是由于隋炀帝一系列倒行逆施的政策所致，反隋力量比比皆是。李渊一踏上关中大地，就发现隋朝已经到了土崩瓦解的地步，改朝换代是必然之势了。

不等李渊义军全部集合完毕，隋朝的冯翊太守萧造就率领所属官吏前来投降。李渊正想派兵去取永丰仓，守卫永丰仓的隋华阴县令李孝常派妹夫宝轨前来联系归顺。李渊住进隋朝邑长春宫后，"三秦士庶，衣冠子弟，郡县长吏，豪族弟兄，老幼相携，来者如市。"李渊也认定自己是天命所归的圣人了，连忙命令以少牢之礼祭祀黄河。

李渊见关中形势比自己想象的要好得多，就让李建成率领刘文静、王长谐、姜宝谊、窦琮等数万人驻扎在永丰仓，把守潼关，防止屈突通进军关中援救。命令李世民率领刘弘基、长孙顺德、杨毛等人和数万军队，沿着高陵道，去进攻泾阳、云阳、武功、周至、户县，为进攻长安扫清障碍。

李世民领命单独率领大军出征，在泾阳消灭了不肯归顺李渊的胡人刘鹞子领导的农民起义军。当他进军到户县、周至等地时，意外地与李神通、平阳公主等亲戚率领的军队会合。

李世民西进不断获胜的捷报传到驻扎在永丰仓的李渊、李建成父子那里，这父子二人全都坐不住了。李渊看他最担心的屈突通并没有马上派兵来攻打潼关，而是留在河东看动静，立刻抓住这一有利时机，和李建成一道率领义军主力进军长安，并且在这一年的十月在长安东门外宿营，准备对长安城发动攻击。李世民也率领沿途收编来的军队逼近长安城郊。两支军队加起来有二十多万人，这在当时的全国各地义军中，也算是有实力者了。

面对李渊兵临城下的形势，隋朝代王杨侑一下子失去了主张。按照隋炀帝去江都时的规定，辅佐代王杨侑的京师留守是刑部尚书兼京兆内史卫玄、左翊卫将军阴世师、京兆郡丞骨仪这三个人。其中卫玄（字文升）是隋文帝时的老臣。他的祖父卫悦在北魏做过司农卿，父亲卫剽在北魏和西魏时做过侍中、左武卫大将军，可以说是鲜卑族贵族的代表人物之一。他本人在北周武帝时任过记室、益州总管等要职，并且担任过管理长安的京兆尹。隋文帝杨坚夺取北周政权时，他为隋文帝平息过和州蛮族的叛乱，做了隋朝的淮州总管、检校朔州总管、卫尉少卿等官职。隋炀帝上台后，用他管理少数民族地区，取得很大成功。从大业八年（公元

612年）开始担任刑部尚书，又以检校右御卫大将军身分参加征讨高句丽的战争。这一次进攻高句丽，隋军大败而归，各路军马都受到重大损失，惟独卫玄这一支军队完整地返回，隋炀帝于是加封卫玄为金紫光禄大夫。隋大业九年（公元613年）第二次征讨高句丽时，隋炀帝率领隋军亲征，命令卫玄辅佐代王杨侑留守京师，并且任命卫玄为京兆尹，许以便宜从事，要代王杨侑对待卫玄以师傅之礼。隋炀帝这一次出征高句丽引起杨玄感起兵反隋，包围东都洛阳。卫玄得知杨玄感造反的消息后，从关中率领七万军队来镇压杨玄感。在途经华阴杨玄感家乡时，卫玄下令把杨玄感之父杨素的坟墓掘开，又把杨素的骸骨焚毁，以示与杨玄感誓不两立。大军出潼关时，有人对卫玄说："如果走函谷山路，很可能会遭受杨玄感的埋伏。不如从陕县上船，顺黄河东下，绕道河阳去攻击杨玄感的后方。"卫玄说："我想杨玄感还想不到用这条埋伏崤、函山路的计策。"所以就走崤、函山路，而且鼓行而进。大军走完六里函谷山路，没有遇到任何阻挡，全军都信服卫玄的判断了。

卫玄乘势率领全军与杨玄感交锋，本来寡不敌众，已经处于下风，恰好宇文述、来护儿两支隋军主力赶到，共同击败杨玄感。杨玄感在西逃途中被杀。隋炀帝为此嘉奖卫玄为"社稷之臣"，封他为右光禄大夫。等到去江都巡游时，又把辅佐代王杨侑留守京师的重任交给了卫玄。

李渊在进军长安时，曾经最担心卫玄这员老将会用什么招数来对付起义军。不料卫玄早在隋大业十一年（公元615年）就对隋朝的前途失去了信心，他曾向隋炀帝提出过辞职。只是隋炀帝认为这是一个可靠的人，说："京师国本，王业所基，宗庙园陵所在，不能由没有经验的人负责，还是由卿主管。朕是从国家利益考虑，卿就不要推辞责任了。"于是，卫玄勉强任职。当李渊大军逼迫长安时，卫玄"祸恐及己，遂称老病，无所干预"。

这位年过七旬的老将，就这样躲避了将要到来的政治风险，把防守长安的责任全交给了阴世师和骨仪这两个人。这也在客观上为李渊顺利夺取长安又创造了条件。

阴世师是隋朝幽州总管、赵国公阴寿的儿子，少年时以忠厚、多武艺著称，因为父亲有功于隋朝，他在隋文帝时做了骠骑将军。隋炀帝上台执政时，他曾任东都瓦工监，在隋炀帝苦役百姓的暴政时期，做了许多为虎作伥的坏事。他在做张掖太守时，对吐谷浑和党项羌等少数民族用兵，为隋炀帝开拓边疆立下功劳，做了隋炀帝的武贲郎将。隋炀帝大业八年（公元612年）征讨高句丽，他出平襄道进入高句丽，大败。等到隋炀帝第二次征高句丽，阴世师做了涿州留守，在平息杨玄感之役中立有功勋，曾被派去做防备突厥进攻的楼烦太守。隋炀帝来汾阳宫巡视，阴世师发现突厥有进攻雁门的企图，于是建议隋炀帝躲避到太原去。隋炀帝不听劝告，所以陷入突厥始毕可汗的雁门之围中。隋炀帝在逃出雁门之围后，认为阴世师是个人才，让他做了左翊卫将军，辅佐代王杨侑留守长安。其实阴世师并无对付李渊领导的起义军的能力，他面对李渊兵临城下的形势，除了据险死守之外，拿不出任何可行的办法来。

至于京兆郡丞骨仪，本身即是长安人，他在隋炀帝上台时从侍御史提升为尚书右司郎，一直做有关司法方面的工作，对军事并不在行。当李渊义军进军长安时，卫玄推托责任，以老病为名，一切不问，骨仪却以尽臣节激励自己，与阴世师一道，依靠长安城高大坚固的城墙，对义军作最后的抵抗。

隋大业十三年（公元617年）十一月，李渊所率领的起义军开始进攻隋朝都城长安。李渊命令李建成负责攻打东、南两个方向，李世民负责西、北两个方向，他自己在春明门外坐镇指挥。在士兵准备好了攻城器械后，他还特别下了一道命令，以示对隋朝的"忠诚"。他说："弘弩长戟，吾岂不许用之。所冀内外共知，以安天下。斯志不果，此外任诸公从民所欲。然七庙及代王并宗室支戚，不得有一惊犯。有违此者，罪及三族。"义军听到允许攻城的命令后，奋勇争先，那位在李渊北渡黄河时参加李渊义军的关中义军首领孙华，就是在进攻长安城时中流矢而阵亡的。十一月十一日，李建成部所属军头雷永吉率先登城，守城隋军溃散，李渊率领义军进入长安城。

掩人耳目，上演禅让

进入长安后，为了安定民心，李渊制定了严格的纪律，避免出现乱兵侵扰百姓的局面。

刘文静、裴寂、长孙顺德等李渊的谋臣们纷纷来到李渊的府邸，向他汇报了长安城的局势之后，裴寂说："主公，现在我们已经控制了长安，杨广这个暴君远在扬州，这天下已经不是他的了，我们也应该有自己的国君了。"

长孙顺德哈哈一笑，说："现在我们在长安，天下归心，我们的新国君难道还会有别人吗？当然就是主公了！"

众臣一听这话，纷纷跪拜在地，口中呼喊"万岁"。李渊见状，急忙将大家扶起来，连连说："不可不可，万万不可！"

众人疑惑地问："为什么不可？现在天下还有谁能和主公您争夺呢？"

李渊沉思了一下，说："现在我们虽然先进了长安，但是大家也都看到了，王世充、李密还在争斗，杨广虽然远在扬州，但他的手中还是握有军队的。除了他们几个，大大小小的义军还有数支，虽然力量都不大，但也不代表他们不会再发展。如果现在我在长安称帝，势必成为天下的罪人，成为这些人的目标！"

李世民听了父亲这一番话，深以为然，站出来对众人说："虽然我们征战各地，为的就是这一天，但是现在局势还不稳定，我们不该急于一时！"

李渊说："对，急于一时只会让我们前功尽弃。现在就算不称帝，这长安城不也还是一样在我的手中？大家又何必为了一个名号而将自己放在箭靶的中央？"

裴寂说："主公心思缜密，谋划深远，属下深感佩服。但是现在长安无主，这也不行！"

李世民对裴寂说："虽然现在杨广不在长安，但长安还是有杨氏的。我们可以立一个杨氏王族为帝，这样既可以控制长安，又可以不被天下人指责！"

李渊点点头，说："你说得对！这件事就交给你来办吧！"

李世民领命之后，在杨广的族人之中仔细挑选，最终选中了代王杨侑。他本来是杨广的侄子，离皇位继承人是很远的，但一方面杨侑在杨氏王族中还算有一定的威信，在青年一代的杨氏族人中颇有自己的见地，只是大势已去，只有无能为力地看着长安失守；另外一方面，杨广自己的子嗣都被他带去扬州了，从血缘上来说，杨侑是遗落在长安的这

第四章 父子联手，灭隋建唐

些人中离皇帝血源最为接近的了。

李世民决定了之后，便来到了代王府亲自拜会，杨侑一见他，便吓得跪倒在地。

说起来，李渊和杨广是姨表兄弟，那么李世民和杨侑也应该算是表兄弟了。但此刻的他们却一个高高在上，一个落在尘埃之中，李世民一边感慨，一边走过去扶起了他，亲切地拉着他的手说："代王，你还记得我们小时候曾经一起玩耍吗？"

杨侑听他这么一问，不知道该如何回答，只是嗫嚅不言。

李世民见他这副模样，知道他已经吓坏了，扶他坐下说："我此次前来，是带了喜讯来的！"

杨侑低垂着眼睛说："败军之将，何喜之有？"

李世民说："你倒是应该感谢这'败军之将'，不然你也不会有这个喜！只因我父亲感念天下苍生辛苦，所以才起兵打算救民于水火。现在，我们既然已经来到长安，城中岂能无主？所以，诸将打算拥立你做隋帝！"

杨侑一听这话，大吃一惊，连连摆手说："不可！不可！如今皇上还在扬州，我怎么可以登基称帝！这是大逆不道的！万万不可！"

李世民看他紧张成这样，笑了笑说："你先莫急。我们为了让百姓不再受杨广的暴虐统治，所以才九死一生来到了长安。如果我们还拥戴他，又怎么能称得上是'救民于水火'呢？所以，拥立你做皇帝，只是希望你能让天下百姓过上好日子！"

杨侑听着李世民的一番话，心里快速地盘算着。他不知道自己被选中来做这个皇帝到底是福是祸，但有一点他很明白：李世民他们并不是真的想拥立自己，只是需要自己来扮演一下这个角色而已。

想到这些，杨侑的心里又充满了恐惧。

李世民见他半晌不说话，拍了拍他的肩膀，说道："代王难道还要拒绝？"

杨侑抬头怯怯地看着李世民，正好碰上锐利的目光，不由自主地哆嗦了一下，急忙低下了头。他知道自己没有别的选择，只好硬着头皮说："但凭吩咐。"

李世民满意地点头，说："如果按照旧例，你可能一辈子都坐不上那张龙椅，但是现在你却可以做皇帝，命运可真是神奇！"

杨侑说："造化弄人。"

李世民笑着说："代王莫要这般哀怨，不管怎么样，也算一圆帝王梦！明天，我父亲便会在朝中发出诏令，众臣都会拥戴你，请你登基，不过我却要辛劳你做一件事。"

杨侑问："何事？"

李世民掏出一张纸，放在桌子上说："你看看就明白了。"

杨侑打开来一看，原来纸上列出了他登基之后所要分封的各位大臣的名字和职位。最先的，便是要封李渊为大丞相，以辅国的名义掌管军政大权，此外还要封李世民为秦王，李元吉为齐公，裴寂为魏国公，刘文静为鲁国公，其余诸将都有不同的职位和权力，遍及军政一切要职。杨侑知道，这才是自己真正的职能。他看着手中这一张薄薄的纸，怔怔地半天回不过神来。等他再抬头看的时候，李世民已经不知道在什么时候走了。

第二天的朝堂上，李渊在痛斥了隋炀帝的残暴之后，将代王杨侑请了出来，拥立他做了大隋的新皇帝，以"义宁"为年号，期望新皇帝给大隋的人民带来安宁祥和，和远在扬州的隋炀帝杨广成了两个对立的政权。

第二年三月，忽然传来消息说杨广在扬州被宇文化及杀死，李世民、裴寂、刘文静等人敏感地觉得，这是一个新的时代来临的信号，他们来到李渊的府邸，恳请李渊登基。

于是杨侑又一次在李世民的授意之下，在朝堂上宣布了自己的禅让宣言，盛赞李渊"功德日隆，天历有归，欲行禅让之礼"。众臣都齐齐跪请李渊为了天下苍生接受这个位置，但李渊却说："我深受皇恩，又怎么能接受这个皇位！"坚决地表示拒绝。

在李渊拒绝之后，杨侑明白自己应该怎么做，他从皇帝的宝座上下来，扑通一声跪倒在李渊的面前，众人见此情景皆大吃一惊。只听见杨侑声泪俱下地说："朕代天下苍生请丞相登基，请丞相以苍生为念！"

李渊急忙跪倒在地上，急切地说："陛下折煞老臣了，快快起来！"

杨侑却固执地说："朕已经下诏三次，丞相如果还是不愿意接受禅让，朕只有自废帝位，举国无主了！"

李渊这才勉为其难地说："陛下容臣回去好好想想。"说着上前扶起了杨侑。李世民等人对杨侑的表现深感满意。

在经历了裴寂等人三番五次的劝说之后，公元618年五月，李渊终于接过了杨侑手中的玉玺，在太极殿即位称帝，国号为唐，改元武德。从这一天起，中国历史开始以武德纪元，这标志着一个崭新的朝代诞生了。

第五章
扫平敌手，一统天下

李渊在长安称帝之后，立即引起了当时各地造反王们的注意，而这些人也是李氏父子的心口大石，卧榻之侧岂容他人鼾睡，所以，李渊派李世民征讨四方，剿灭各路起义军。

得道多助，失道寡助

李渊称帝时，群雄纷争。北方边境有薛举、李轨、梁师都、郭子和、高开道、刘武周；黄河流域有王世充、窦建德、李密、孟海公、徐圆朗；江淮之间有李子通、杜伏威、陈棱；江南地区有沈法兴、萧铣、林士弘。李唐政权面对这种纷繁复杂的局面，决定首先巩固关中根据地，逐步进军关东，统一全国。而控制陇右地区的薛举、薛仁杲是对唐威胁最大的势力。

薛举是河东汾阴人，后来随他父亲迁居金城（今甘肃兰州）。薛举曾任隋金城府校尉。他身材高大，骁勇善战，而且家财万贯，善交豪杰，在边地称雄。他有两个儿子：长子名仁杲，次子名仁越。

隋朝末年群雄纷争，陇右也如此。金城县令郝瑗，令薛举统领募集的数千名士兵镇压叛乱。大业十三年（公元617年）四月初三，郝瑗设宴款待士兵，并发放铠甲武器。不料薛举早有反心，与儿子仁杲及党羽十三人在宴席上突然劫持郝瑗，夺取了兵权，并谎称搜捕谋反的人，将郡县官吏纷纷囚禁起来。随后开仓赈济贫民，收买人心，自称"西秦霸王"，改年号为"秦兴"，封长子为齐公，次子为晋公。

薛举叛后，广集群盗，把隋牧场中马匹抢掠一空，以充实骑兵部队。陇右盗首宗罗睺，早已拥兵自重，这时率军归附于薛举，被封为义兴公。隋将军皇甫绾带兵一万屯驻枹罕，薛举选精兵两千攻下该城。这时岷山羌酋长钟利俗又率众两万归降，薛举更是如虎添翼。他便以薛仁杲为齐王，领东道行军元帅；宗罗睺为兴王，做薛仁杲的副手；薛仁越为晋王、河州刺史。随后，分兵攻城掠地，在短时间内就将陇右地区全部划在自己的势力范围之内，拥兵十三万。

七月，薛举自称秦帝，立妻子为皇后，立薛仁杲为皇太子。派遣薛仁杲率兵包围并攻取天水，至此薛举政权的都城由金城迁到天水。薛仁杲力大无比且善于骑射，军中号称万人敌。但是他生性残忍、贪婪，嗜好杀人，曾经抓获名士庾信的儿子庾立，因庾立不降而怒，把庾立放在火上分尸，然后把他的肉一点点割下来给军士们下酒。攻下了天水后，他把天水的富人都召来，倒吊起来，向他们的鼻子里灌醋，通过这种手段掠得不少财宝。薛举常训诫他说："你才可辅国，但生性残暴，对人不能施恩，我的家和国最终会因你而倾覆的！"

十二月，薛仁杲被薛举派去攻打隋扶风郡城，但途中唐弼拒守汧源。唐弼是在扶风地区的一支势力很强的反隋军队，早在大业十年（公元614年）就拥立李弘芝为傀儡天子，自称唐王，号称十万兵力。薛仁杲乘唐弼没有防备，袭取汧源，取得胜利，并将唐弼的全部部众收编。唐弼率领几百名骑兵逃到扶风郡请求投降，被扶风太守杀掉。

这时薛举兵势更强，号称二十万，虎视眈眈于长安，但李渊已捷足先登。为了对李渊造成压力，薛举围攻扶风。薛氏大兵压境，李渊令李世民率兵进击，又令窦轨、姜谟同出散关平息陇右。十七日，李世民率兵在扶风进攻薛仁杲，大胜薛仁杲。薛举十分担心，问他的臣属："自古有天子投降吗？"黄门侍郎褚亮说："刘禅侍奉晋室，赵佗归附汉朝，近代的萧琮，到如今还拥有显赫高贵的地位，这种转祸为福的事自古就有。"卫尉卿郝瑗说："褚亮的话太荒谬！从前蜀汉的先主刘备屡次失去妻室儿子，汉高祖经过屡次逃亡与失败，但他们最后都完成了帝业，怎能因为一时的失势，就想到了国家的灭亡呢？"薛举也后悔了，说："我只不过试试你们的忠心而已。"于是重赏郝瑗，之后郝瑗成为薛举军事上重要的参谋。

窦轨、姜谟行至长道，被薛举击败，又重回到长安。李渊派通议大夫刘世让安抚唐弼余党，但途中遭遇薛举而战败被俘。

武德元年（公元618年）四月，薛举接受郝瑗的建议，联合梁师都，备厚礼贿赂突厥，以图合力攻取长安。但由于李渊闻讯后派宇文歆去突厥活动，突厥反悔，拒绝助薛举、梁师都攻取长安，郝瑗的谋略只能眼看着化为泡影。

六月初十，泾州受到薛举的进攻。这时，李渊已认定大唐心腹之患是薛举，是否铲除他，关系到京城的安危。因为当时潼关以东李密和王世充在洛阳的战争处于白热化程度，无暇顾及西部；刘武周虽一再进攻河东太原，并没有对关中构成大威胁；梁师都虽离长安最近，但他兵力不够强劲，不是唐的对手；李轨起兵的目的是割据河西一方，在政治上没有什么抱负；唯独薛举野心大，兵力强，而且处心积虑要夺取长安。于是李渊派遣秦王李世民挂帅，率八总管进兵讨伐。

七月，唐丰州总管张长逊向宗罗睺发起攻击，薛举率大军来援，屯兵于高墌城外，纵容士兵烧杀抢掠，游兵直达豳州、岐州境内。情报传到李世民那里，他率军来到高墌城中。李世民估计薛举军粮不足，急于速战速决，于是反其道而行之，下令军队加高壁垒，挖深壕沟，不和薛举部交锋。李世民正赶上得疟疾，就委事给长史纳言刘文静、司马殷开山，提醒他们："薛举孤军深入，士卒疲惫，粮食不多，即使来挑战，我军也决不应战。待我的病痊愈后，定能够一举击败他。"退下后，殷开山对刘文静说道："王爷说这番话，就是担心您无力退敌。贼兵听到王爷有病，必定对我们不屑一顾，应该显示我军之威震慑他们。"于是在高墌西南列阵，显示拥军数量巨大而疏于防备。

消息传到李世民那里，李世民立即写信阻止，可已经来不及了。作战中，唐军后部遭到薛举所率的精锐骑兵的突然袭击。初九，双方在浅水原展开攻势，唐八总管皆败，士卒死亡大半，大将军李安远、慕容罗睺、刘弘基都阵前被俘。李世民只得退兵长安，高墌城被薛举攻占。李渊追究战败的责任，撤消了刘文静、殷开山的官爵。李世民从太原起兵后，逢战必胜，从未经受过如此惨败，所以这次极深刻的教训使他在以后的历次战役中始终保持冷静心态。

八月，宁州受到薛仁杲的围攻，被唐宁州刺史胡演击退。郝瑗对薛举说："如今唐兵刚败，应当乘关中骚动之际直取长安。"薛举允诺，但由于生病没有实行，于九日病亡。皇位由薛仁杲继承，居于折墌城。

由于薛仁杲对将领们"苛虐寡恩"，平常就矛盾重重。嗣位后，君臣更互相猜疑，离心离德，而郝瑗过于悲痛，一病不起。从此，西秦势力逐渐衰败。

而这机会则被李唐利用，李渊命李世民统帅全军，再次西征薛仁杲。

十二日，唐秦州总管窦轨进攻薛仁杲，不利。泾州由骠骑将军刘感镇守，被薛仁杲团团包围。泾州城中粮食吃尽了，刘感把自己骑的马杀了分给将士们，自己只用煮马骨汤拌木屑吃。城池几次濒临陷落，恰好李叔良途经泾州，薛仁杲借口粮食耗尽，带兵向南而去。十三日，薛仁杲又派高墌城人伪以城降，刘感受李叔良派遣，率军前往高墌城。

十七日，刘感到城外，要求进城，城人却答道："贼已离去，可爬城进来。"刘感下令火烧城门，却被浇灭。这时，他已经发现，这是诈降，于是命步兵先班师回朝，自己率精兵断后。不一会儿，城上点燃三座烽火，从南原大批涌下来，刘感被擒。薛仁杲捉住刘感后，把他活埋到膝盖，骑马跑着用箭射死了他。

十八日，薛仁杲在宜禄川被唐陇州刺史常达击败，部下被斩首千余级。薛仁杲不能战胜常达，就派部将仵士政带数百人去诈降，常达中计，厚加宽慰。二十三日，仵士政找到机会，劫持了常达，以他为人质，胁迫要求城中所有人投降。常达见到薛仁杲，不屈不挠。薛仁杲这次却赞他铁骨铮铮而予以释放。

李世民率军到高墌后，宗罗睺被薛仁杲派去阻击李世民，宗罗睺屡屡挑战，李世民坚守不出。诸将请战，李世民认为："我军刚败，士气沮丧，敌军持胜骄傲，必轻视于我。我们应等他们过于骄傲轻视我军之时，可以一鼓作气战败他们。"并严令全军，"谁要是再要求出战就将他斩首！"

两军相持六十余日，西秦军粮消耗已尽，内史令翟长孙、将领梁胡郎等带部下来降，薛仁杲身边左仆射钟俱仇也以河州降唐。这时，李世民深知薛仁杲将士异心，军资已完，反攻时机已到，就在浅水原由行军总管梁实驻扎诱敌。宗罗睺自恃骁悍，早已气急败坏，率全部精锐猛攻，想以多胜少。可梁实守险不战，挫其兵锋。营中无水，人马几日不喝水，却仍顽强抵抗。李世民料敌军已疲惫，决战时机成熟，于是对众将说："我们现在可以反攻了。"次日早晨，李世民令右武侯大将军庞玉于浅水原南列阵，从敌阵右方相诱，宗罗睺又全力进击，双方展开激战，庞玉渐渐不敌。突然，李世民率领的主力从敌军后侧攻击，宗罗睺只得回师相拒。李世民率领几十名骁骑率先冲入敌阵，唐军齐心协力，奋力厮杀，杀声震天，大败宗罗睺。李世民率领骑兵追击宗罗睺，窦轨拉住马苦苦地劝道："坚固的城池仍被薛仁杲占据，我们虽然打败了宗罗睺，但也不能草率行事，还是观察一下敌情再作打算。"李世民说："这个问题我也想了很久，现在机会来了，我军势如破竹，不要再说了！"于是进军。城外，薛仁杲布下阵式，李世民同他在泾河两岸对峙。

唐军兵临城下，西秦危在旦夕，这激化了薛仁杲与众将平日的矛盾。薛仁杲固守不出，这天傍晚，唐军大队人马将折墌城团团围住。半夜里，守城将士争先恐后弃城而出，投降唐军。薛仁杲万般无奈，只得于次日早晨率文武百官开城门出降。李世民受降，获西秦精兵万余人，男女五万口。

战后众将向李世民祝贺，并问："秦王一仗就取得了胜利，战前弃步兵不用，又没有攻城的用具，轻骑直到城下，为什么很快攻克众人认为很难攻克的城池呢？"李世民说："宗罗睺的部下都十分骁勇骠悍，我打败他纯属出其不意，杀伤不多。如果迟迟不追击，则都会返回城内，薛仁杲抚慰他们再作战，就不容易取胜了；我以骑兵尽力追赶，使之跑散回到陇山之西，造成折墌城的空虚，薛仁杲吓破了胆，无暇进行深谋远虑，这就是我取胜的原因。"众人都拍手称快。

归降的士卒，李世民让薛仁杲兄弟及宗罗睺、翟长逊等率领，而且毫无疑忌地和他们一起狩猎，薛仁杲等降将感激不尽，都愿为其效犬马之劳。李世民早闻褚亮善于劝谏，而且知他曾劝薛举归唐，于是求访得见，以礼相待，引为秦王府学士。

高祖派遣使者对李世民说："薛举父子杀了我们很多士卒，务必杀光他们的余党来告慰死者。"李密进谏说："薛举之所以灭亡，正是由于他残暴地杀害无辜，陛下岂可以其人之道治其人之身？应安抚心悦诚服的百姓！"于是只将主谋杀掉，其余的人都给予赦免。

李密被高祖派到豳州迎接李世民，李密自己仗着功高，见皇上时还有傲慢之意，待见了李世民，却不得不佩服，私下对殷开山说："不是这样的英主又怎能平定祸乱？"

二十二日，李世民回到长安，斩薛仁杲于闹市，赐三百段帛给常达，追谥刘感平原郡公，谥号忠壮，又在宫廷杀死了仵士政，张贵因荒淫暴虐而遭腰斩。高祖设宴犒劳将士，趁机对群臣说："朕承蒙各位共同拥戴而成就帝王之业，假如天下安定祥和，就可以共同守富贵。假使王世充取得天下，各位还能有身家性命吗？如薛仁杲君臣，这样的前车之鉴我们必须牢记！"

薛举父子建西秦至被唐消灭，前后不到两年。唐平定了陇右，铲除了争夺关中的心腹大患，为以后的东进免去了后顾之忧。

李轨称帝，内乱致命

河西五郡在薛举所据的陇右以西，是多民族杂居之地，矛盾重重，隋末，李轨起兵自立为帝。为对付薛举，唐朝曾派人同他联络。

平定薛仁杲之后，唐军锋芒自然指向河西的李轨。除联络吐谷浑以孤立李轨外，为了瓦解李轨集团，李唐还采用了分化的手段。

李轨，字处则，甘肃武威姑臧人。嗜好读书，有谋略，富甲一方，乐善好施，因此受到家乡人的称赞。大业末年，任武威郡鹰扬府司马。

大业十三年（公元617年）四月，薛举起兵。七月，李轨和同郡关谨、曹珍、李贇、梁硕、安修仁等商议道："薛举为人残暴，他肯定会先来侵掠离他最近的我方城池。隋朝官员胆小平庸，必定无力抗拒，我们可不能束手就擒而致妻离子散！不如我们大家保据河西，看事态的变化行事。"

大家齐声赞同，想荐举一个人为首领，但都互相谦让。曹珍说："我久闻图谶上说李氏应当为王，天命所归，应尊李轨为王。"于是大家一同拜李轨为主，然后商定了起事的周密计划。

七月十三日，安修仁受命于李轨，在夜间率领居住在当地的各少数民族潜入内苑，树旗高喊；城外则聚集了响应李轨的当地豪强。就这样里应外合，逮捕了隋郡丞韦士政、虎贲郎将谢统师，控制了武威郡。

关谨等人想杀掉被抓的隋朝官吏，然后瓜分他们的钱财。李轨不赞成，说："你们既然奉我为主，我的号令你们就应该服从。我们兴义兵是为了拯救百姓，杀人劫货，与强盗有何区别！我们还怎么取得成功？"于是他任命韦士政为太府卿，谢统师为太仆卿。这时，西突厥阙达度阙设也在会宁川中自称可汗，拥有两千骑兵，被李轨降服。阙达度阙设是西突厥曷娑那可汗的弟弟，大业八年（公元612年）随兄率众降隋，被令带病弱万余口留居在会宁川中。

果然如李轨所料，不久，常仲兴被薛举派去进攻河曲，李轨遣将李贇迎击，两军决战于昌松，结果常仲兴大败。李轨要释放俘虏，李贇反对道："我们竭力苦战，才俘虏了这些敌人，如果你让他们回去，岂不是放虎归山，又增加了敌人的力量吗？不如断绝后患，把他们全都杀了。"李轨说："上天如果保佑我成功，迟早会擒获薛举，这些战俘仍为我所用；如果大业不成，留他们又有什么用！"于是释放了所有俘虏。随后不久，又连连攻克张掖、西平、敦煌、枹罕四郡，将河西五郡全部纳入自己的势力范围。

李轨的吏部尚书梁硕，谋略过人，李轨常靠他出谋划策，梁硕曾暗中劝李轨要提防强大的势力。户部尚书安修仁本出自西域安国，他的先祖在北魏时迁居凉州，传到修仁已历时四代百年，历代都在凉州任职，与当地人关系融洽。安修仁深恨梁硕的建议损害了以自己为代表的集团的利益。

李轨的儿子仲琰曾拜访梁硕，梁硕会见时也不起身，仲琰认为他轻视自己，也大为不满，于是同安修仁一起诬蔑梁硕谋反，李轨信以为真，竟派人带毒酒到梁硕府中鸩杀了他。梁硕是举事元勋之一，这样无辜被杀，使故旧们惊恐万分。至此李轨的心腹们开始离心。

一天，有巫者对李轨说："有仙女被上天派来人间。"李轨信以为真，征百姓修建高台迎接仙女，耗费了巨大的人力财力。黄河以西闹饥荒，以至于人吃人的现象都出现了。李轨召群臣计议分发仓库粮食之事，曹珍等人都说："民以食为天，国以民为本，怎么可以眼看着百姓饿死而不知放粮？"谢统师等人都是隋朝旧吏，心里始终不服，私下里同诸民族人交好，排挤李轨的旧部下，于是骂曹珍说："老百姓因他自己瘦弱而饿死，健壮者不会饿死的。国家仓里的粮食是用来防备外敌进攻的，怎么可以用来养那些瘦弱的人！仆射如果为讨好人情而不为国家着想，怎能称为忠臣！"李轨认为谢统师说得对，从此百姓官员都更加离心离德了。

李渊打算和李轨一起谋取秦、陇的薛举父子，暗中派使节到凉州，招抚李轨，并称他为堂弟。李轨见信非常高兴，遣弟李懋到长安进贡，被李渊授予大将军，并命鸿胪少卿张俟德持册书，拜李轨为凉州总管，封爵凉王。还没有等张俟德到凉州，李轨在十一月初四已自称皇帝，改元安乐，立李伯玉为太子，左仆射由曹珍担任。

武德二年（公元619年）二月，张俟德受唐高祖命来到凉州。李轨召集群臣廷议道："皇帝是我的堂兄，如今已在京邑称帝。一姓之人不应为天下相互争夺，我想去掉帝号，可以吗？"

曹珍说："隋朝灭亡之后，天下人共争君位，难道只能有一人称帝？唐朝关中称帝，凉朝在河西称帝，相互本无妨碍。况且您已为天子，何必自我贬黜自己！如果您想侍奉唐朝，就请按照过去西梁的萧詧服从西魏那样吧。虽是附属国，但保有领土帝号。"李轨认为可取。

二月二十八日，伪尚书左丞邓晓被派去长安，带去的书信中称"皇从弟大凉皇帝臣轨"，不接受李渊所封。李渊勃然大怒，拘留邓晓，谋议兴师伐李之事。

其实，唐于武德元年（公元618年）年底击灭了薛仁杲，清除了京城西边的巨大压力后，就想进而攻取河西关陇地区，一统天下。因此，李轨不仅已失去牵制薛氏东进力量的价值，而且成了阻碍统一的又一个对象，这就导致李渊拘禁李轨的使者并断绝与其来往。至于李轨用曹珍的建议，仿效萧詧自称帝而向西魏称臣的故事，只不过是唐攻打李轨的托辞而已。

由于李轨与突厥、吐谷浑联合，为了分化他们之间的联盟，孤立李轨，李渊就遣使去吐谷浑。吐谷浑可汗的儿子顺曾做隋朝的人质，这时仍留在长安。李渊提出两家联合攻李轨，唐就把顺放还，吐谷浑可汗欣然同意，起兵攻打李轨，在库门与之展开激战。

安兴贵是李轨部将安修仁的哥哥，在长安做官，上表请求以利害关系说服李轨。高祖说："李轨依仗军队，凭借险要的地势，连合突厥、吐谷浑，凭借朕的实力，还怕不能取胜，岂能以三寸不烂之舌劝动他？"安兴贵回答："我自己出身凉州，累世豪门贵族，各族百姓多加依附，弟弟修仁受李轨信任，族里子弟大多为李轨机密近要官员，臣前去说服，李轨能听我的话当然好，如果不听，由我替您消灭他，不是更加容易吗？"于是安兴贵被派往凉州。

安兴贵行至武陵，被李轨任命为左右卫大将军。安兴贵趁机劝李轨说："凉州的辖地不过千里，百姓贫困，土地瘠薄。如今唐从太原起兵，控制中原，百战不殆，这是天意，不是您能左右的。您不如带整个河西归附唐，那么汉代窦融的功劳也不比您大！"李轨说："我凭着河山的牢固，纵然唐朝调兵百万，也对我无可奈何！你从唐朝来，是来劝服我的吧？"安兴贵连忙谢罪道："我听说富贵了而不还乡，就像穿着锦绣衣服于夜间行走一样，臣下我全家受陛下的荣禄，我的心又怎能偏向唐朝？只不过想呈上我的想法，决策全由陛下了。"

安兴贵明白自己无法令李轨就范，就和安修仁等暗中集结力量准备伺机而变。这时，大凉国的内部矛盾重重，积怨已久。薛举起兵时，凉州大受威胁，当地的各民族为了维护自己的利益，所以同心协力共抗敌军。薛仁杲败亡后，河西诸民族渴望恢复与长安的贸易，但李轨的意图却只想占据河西，这就与河西安氏代表的集团发生利益冲突，因此他们也要举兵除掉李轨。此外，李轨初起事时，其支柱一是河西领袖安修仁，一是曹珍等故旧。但事成后，诸民族与故旧互相倾轧，分为两党，而诸民族又与隋旧吏谢统师勾结为奸，排斥李轨元勋故旧，并离间君臣关系，导致李轨政权内部人心离散。

安氏兄弟准备好后，将凉州城围了个水泄不通，李轨率步骑千余出

谋定中原
唐朝开国奇谋

城迎战。先前，薛举旧部奚道宜率三万羌兵逃归李轨，李轨开始答应任以刺史之职，但后又反悔，而且不对其以厚礼相待，奚道宜怀恨在心。此时他与安修仁率部下齐攻李轨。李轨战败只好收缩防守，等待支援。安兴贵在城外大声宣告："李轨是大唐王朝讨逆的对象，谁胆敢帮助他顽抗，要诛及三族！"城中人听后纷纷出降。李轨见状叹道："大势已去，天亡我呀！"于是携妻子登上玉女台，相互告别。五月十三日，安兴贵捉住李轨上报唐朝，至此，平定了河西地区。

李轨的使者邓晓在长安，行礼表示祝贺，高祖说："你身为人家的使臣，得知国家灭亡，心里没有丝毫难过，反而向朕献媚，你不能忠于李轨，能够为朕所用吗？"于是，将他废黜终身不用。

李轨被押送到长安，与他的儿子兄弟等全部伏法被诛。唐任命安兴贵为凉国公、右武侯大将军、上柱国，赐一万段帛，任命安修仁为申国公、左武侯大将军。

河西被平定，唐朝完成了关陇地区的统一。

河东之争，刘武周死

武德二年（公元619年），唐朝刚平定河西、陇右，稳定了关中局势，在马邑盘踞的宋金刚、刘武周在突厥的支持下率大军冲杀而来，要与唐朝一争天下。

刘武周是河间景城人，父亲刘匡迁居马邑。刘武周骁勇善骑射，喜欢结交侠客义士。长兄刘山伯曾训斥他道："你交往的净是狐朋狗友，这些人会为我们招来灭门之祸的。"刘武周因此离家去了洛阳，投靠隋朝太仆杨义臣。曾随军征辽东，因军功授建节校尉。后来回到家乡，官至鹰扬府校尉。太守王仁恭得知他是当地豪强的首领，颇为厚爱，令刘武周领亲兵跟随自己左右。刘武周和王仁恭的小妾私通，害怕东窗事发，又见天下大乱，于是暗地想出诡计，阴谋作乱。

马邑太守王仁恭，卑鄙好贪，多受贿赂，但从不救济贫民。刘武周乘机煽动："现在百姓饥饿，尸横遍野，王太守紧闭粮仓，一点也不赈灾济民，身为百姓父母官怎能这样做？"民众听后怒气冲天。随后，刘武周佯装卧病在床。众豪强前来问候，他杀牛纵酒款待，宴席间又鼓动道："我们不能这样坐以待毙！现在官仓中粮食新旧相积，以致腐烂，谁能与我一同去取？"众豪强纷纷答应。

隋大业十三年（公元617年）二月初八，王仁恭在衙门处理日常事务，刘武周入内拜见，王仁恭被刘武周身后的张万岁等人杀死，刘武周将首级拿出示众，郡中无人敢动。于是赈济饥民，开仓放粮，以此笼络人心，又派人将檄文遍送境内各地，马邑所属城镇都归附了刘武周，刘武周这时已拥有一支一万多人的武装力量。他自称郡太守，以突厥为其后台。

隋虎贲郎将王智辩与雁门丞陈孝意商量共同讨伐刘武周，包围了桑乾镇。二十一日，刘武周与突厥合兵击杀王智辩，隋军大败，陈孝意侥幸逃脱。三月十七日，刘武周袭破楼烦郡，进而攻下隋炀帝行宫汾阳宫，并用俘虏的隋宫女贿赂突厥始毕可汗，得到突厥送出的优良战马。刘武周得突厥良马，充实骑兵，势力如虎添翼，不久就将定襄收在自己手中。这时，突厥立刘武周为定杨可汗，并以狼头大旗为标志。倚仗突厥势力，刘武周自称皇帝，立妻沮氏为皇后，改元"天兴"。以其妹妹的丈夫苑君璋为内史令，卫士杨伏念为尚书左仆射。

李渊在太原起兵南下以前，为了防止后方作乱，曾向突厥称臣。等到唐在关中实力大增，统治安定以后，和突厥的关系便日渐疏远。虽然仍时常向突厥进贡金银纱绸，却已不能满足突厥贵族的欲望。这时，刘武周为了扩大地盘，便勾结突厥军队一道南侵。

武德二年（公元619年）三月二十二日，并州遭到刘武周的进攻。四月，刘武周又引来突厥骑兵，屯驻黄蚍镇，兵锋甚盛。当时唐齐王李元吉镇守并州（治所晋阳）。

李元吉胆小怕事，无心守城，于是骗司马刘德威："你率领老弱守城，主力部队由我带出迎敌。"李元吉半夜出兵，放弃并州携带妻妾逃回长安。

李元吉刚离开，刘武周的大军就兵临城下，晋阳的豪强薛深献出城池迎接刘武周进城。高祖闻讯，非常气愤，对礼部尚书李纲说："元吉人年轻，不熟悉现在的形势，所以才派宇文歆、窦诞辅佐他。晋阳有几万强兵，贮藏有大量粮草，那里是王业兴起的根基，怎能这样轻易就拱手让与他人。听说是宇文歆首先提出这个主意，他应当被杀！"李纲说："齐王年轻骄奢放纵，窦诞没有规谏过他，反而为他掩饰，造成人心离散，今天的失败是窦诞的罪过。宇文歆劝谏，齐王不听，所有的情况都是他上奏朝廷，怎么能杀掉他？"其实窦诞是李渊的女儿襄阳公主的丈夫，他有意袒护，想拿宇文歆当替罪羊，以开脱李元吉的罪责。幸好李纲的劝阻起了作用，李渊于次日召见李纲，称赞道："朕有你这样的辅臣，今后不会滥施酷刑了，元吉自己胡作非为，不是两人能禁止的。"于是把宇文歆、窦诞一同赦免，就此了结这件事。

刘武周占据太原，派遣宋金刚攻下晋州，唐右骁卫大将军刘弘基被俘，刘弘基逃回了唐。刘武周又克浍州，军势锐不可当。唐朝河东将领裴寂性格怯懦，又无将帅之才，面对劲敌，无计可施。民众因此怨声载道，惶恐不安，想要叛唐。夏县的吕崇茂趁机聚集百姓自称为魏王，响应刘武周。裴寂带兵进讨，又以失败告终。随后裴寂被李渊召回朝廷，追究败军之罪，但旋即又被赦免，受到的恩宠比以前更厚重。

李渊命工部尚书独孤怀恩、永安王李孝基、陕州总管于筠、内史侍郎唐俭率兵征讨吕崇茂。当时，原隋朝将军王行本仍占据河东。独孤怀恩引兵围城迟迟不能攻下，而王行本也举众响应刘武周，到这时，唐只剩晋东南一地在黄河东岸。关中大为震骇，高祖亲笔敕书道："贼人势力发展得如此迅速，很难与他们抗争，应当派重兵把守关西，放弃黄河以东地区。"秦王李世民上表称："您从太原起兵，那里是国家的根本；京城一直靠富饶的河东地区提供给养，如果全部放弃，臣实在不甘心。希望给臣三万精兵，臣一定能消灭刘武周，收复汾、晋。"于是高祖将关中所有的兵力都给了李世民，让他去攻打刘武周。二十日，高祖驾临华阴，为秦王送行。

十一月十四日，浩州又遭到刘武周的进攻。趁冰冻坚硬，李世民统兵从龙门渡过黄河，驻扎在柏壁，与宋金刚对峙。当时，黄河以东的州县遭抢劫后，粮仓均被损坏殆尽，人们惧怕侵扰，在城堡中避难。唐军征集不到东西，军队缺粮，李世民命人张贴布告安抚百姓，百姓听说李世民领军前来，无不欢欣鼓舞，由近及远，来的人日益增加，唐军逐渐征收粮食，军粮因此充足。在军事上，李世民一面命令大军坚壁不战，休兵秣马；一面派偏将率小股兵力乘机抄掠敌军粮草，骚扰敌军。

原来，宋金刚孤军深入晋南，民心大失，想在当地征粮却征不到，不得不从太原运送军粮。沿途运输条件恶劣，山势险要，不论是运输还是保护粮道，都异常困难。当时，从太原到晋南主要有两条交通线：一条从太原沿汾水西侧经浩州、清源渡汾水达灵石。这就是当初李渊起兵的路线。另一条是从太原沿汾水东侧经平遥、榆次、介休以达灵石。这是刘武周南下时所采用的路线。

浩州是西线的要地，刘武周反复争夺这一战略要地，却始终被唐军所掌握。牢牢控制住浩州，不仅能将刘武周的运输西线切断，还能直接威胁到运输东线。李世民正是针对宋金刚、刘武周这个致命弱点而制定了军事策略。李世民和李道宗有一次登城观察敌情，他问李道宗："敌人凭借自己拥兵众多，邀我交战，你说怎么办好？"李道宗说："敌军乘战胜余威，锐不可当，应付这样的敌人，我们不能强力应战，而应靠智慧取胜。今深沟高垒，以挫其锋，乌合之众，不能持久，粮草断绝，

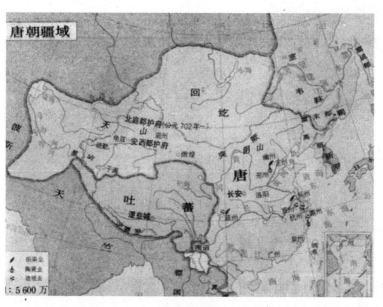

唐朝疆域图

自然会分崩离析，可不战而擒。"李世民点头道："这正是我想要做的。"李世民抄掠敌军运输的粮草而坚决避战的方略，使宋金刚军因粮草不足而日渐衰落。

十二月，于筠劝说永安王李孝基尽快向吕崇茂发动攻击，独孤怀恩请求先准备好武器、工具，然后进攻，李孝基同意了他的要求。宋金刚接到吕崇茂的求援，派遣手下将领尉迟敬德、寻相带兵迅速赶到夏县。作战中李孝基因前后受敌，打了大败仗，李孝基、于筠、独孤怀恩、唐俭以及行军总管刘世让都被宋金刚的手下俘虏。尉迟敬德得胜回浍州，李世民派兵部尚书殷开山、总管秦叔宝在他们归途中的必经地美良川设下伏兵。尉迟敬德军一到，唐军突然袭击，大败尉迟敬德、寻相。不久，尉迟敬德、寻相又偷偷率精骑援助河东的王行本。李世民侦得消息，亲自率步骑三千抄近路夜至安邑埋伏下来。在伏击战中，尉迟敬德、寻相的军队全军覆没，只有他们两个人跑回去了。李世民并不追赶，将俘兵带回柏壁。

李世民用奇兵连连获胜，大大激励了唐军的士气，纷纷请求要与宋金刚决一死战。李世民认真、冷静地分析形势道："宋金刚孤军深入，部下全是精兵猛将，刘武周据守太原，将宋金刚作为屏障。宋金刚的军队没有储备军需，只能一路上通过掠夺补充军需，利于速战。我们养精蓄锐，关闭营门不出，可以挫败他的锐气；分兵攻隰州、汾州，骚扰他的要害之地，他们粮草用完无计可施之时，自然会退军。我们应当等待时机，目前不宜速战。"

武德三年（公元620年）正月，唐将秦武通攻河东，王行本刚一出战就打了败仗，开门投降，后被斩首。绛州又被宋金刚围困。二月，刘武周派兵攻潞州，攻陷壶关、长子。唐潞州刺史郭子武难以抵挡，王行敏被派去援助唐军。但王行敏与郭子武不和，就借传言说郭子武要叛乱的机会，将他斩首。十一日，刘武周侵犯潞州，被王行敏击败。

三月初二，张万岁被刘武周派去攻浩州，被唐守将李仲文战败，数千人被斩首。刘武周为打通南下的粮道继续进攻浩州，但都被李仲文击败。宋金刚粮草告急，刘武周派将领黄子英保护汾水东岸的粮道，唐浩州行军总管张德政突袭黄子英，黄子英被杀，运粮敌军被俘，刘武周的运输线被切断。

粮道全被切断，宋金刚无法立足，于四月十四日向北撤退，李世民立即率军衔尾追击。在吕州秦王李世民大败宋金刚的军队，并乘胜追击，日行两百里，打了几十仗。到高壁岭，总管刘弘基规劝道："您取得了这么多的胜利，到了这里，功劳也足够了，不断追去，就不能爱惜自己。况且士兵们又饥又乏，应当在此安营扎寨，稍作休整，等待后续粮草兵马，然后再追击也不晚。"李世民说："宋金刚是由于军心涣散，无可奈何才逃跑，功劳难立，败局已定，打败他的机会难得，一定要趁此机会消灭他。如果我们不继续追赶，让他有时间考虑对策加强防备，想战胜他就不那么容易了。我尽心尽力效忠国家，自己的身体不值得顾惜！"继续驱马追击，将士再也不敢提及此事。唐军在雀鼠谷追上宋金刚，一天之内与他八次交手，唐军都打了胜仗，俘虏并杀死了对方几万人。当夜，唐军在雀鼠谷西面宿营。李世民已经三天没有脱下战袍，两天没有吃东西，军中只有一只羊，他与将士们分而共食，将士们无不深受感动。

二十三日，被俘的原陕州总管于筠从宋金刚处逃回唐营，报告了敌方的军情，李世民随即率军急行到介休。宋金刚仍拥兵两万余人，在西城门外布了南北长七里的阵势，要与唐军在这里决一死战。李世民令总

第五章 扫平敌手，一统天下

管李勣、秦叔宝、程咬金攻阵北端；秦武通、翟长孙攻阵南端。两翼军和金刚军激战，渐渐支持不住，向后退却。宋金刚乘势进攻，李世民则率精骑勇猛冲击敌人后方。宋金刚腹背受敌，无法抵御，大败而逃。李世民紧追直到张难堡。唐浩州行军总管樊伯通、张德政据堡固守。直到李世民卸下甲胄后，这些历尽艰难的将士们才将他认出，迎接进堡。军士们欢呼雀跃，泪流满面。

宋金刚逃脱后，收集起残兵败将的尉迟敬德拒守介休。李世民知他骁勇善战，爱才心切，就派宇文士及和李道宗前去劝降。尉迟敬德、寻相、张万岁答应投降，并将介休、永安两县献给唐朝。李世民得到尉迟敬德万分高兴，让他仍率旧部八千人马，并委以统军之职，和唐朝的军队一块驻军出兵。屈突通见李世民全不提防，担心尉迟敬德等不是真心，急忙提醒，李世民却并不在意。

宋金刚兵败的消息传到刘武周那里，刘武周大为惊恐，放弃并州逃入突厥。收拾起残部的宋金刚准备再战，但众人都不肯再与唐作战，宋金刚也逃往突厥。

李世民到达晋阳，刘武周任命的仆射杨伏念以晋阳城投降。唐俭封存了刘武周的仓库，留待李世民处置，曾经被刘武周占领的地区全部归唐朝管辖。

不久，宋金刚谋划跑回起兵的上谷，被突厥骑兵追上捉回，突厥人斩杀了宋金刚。刘武周归附突厥，日子也不好过，想要重新回到马邑。不料消息泄露，突厥也把他杀了。

长安得到平定河东的捷报，李渊大喜，为臣子们大摆盛宴。赏赐缎帛时，让将士到皇家府库中随意挑选。

刘武周从起兵到被杀，一共历经了六个年头。河东是关中的屏障，一旦失去河东，关中就暴露在刘武周矛头之下；同时，河东在隋唐是经济发达地区，失去河东，就意味着一个重要的资粮来源地的失去。河东的恢复，对于进一步巩固关中根据地有很大的作用。唐出关东争夺天下的时机成熟了。

东都之争，王世充降

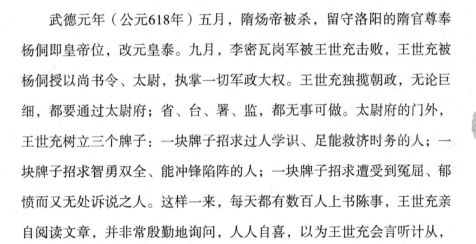

武德元年（公元618年）五月，隋炀帝被杀，留守洛阳的隋官尊奉杨侗即皇帝位，改元皇泰。九月，李密瓦岗军被王世充击败，王世充被杨侗授以尚书令、太尉，执掌一切军政大权。王世充独揽朝政，无论巨细，都要通过太尉府；省、台、署、监，都无事可做。太尉府的门外，王世充树立三个牌子：一块牌子招求过人学识、足能救济时务的人；一块牌子招求智勇双全、能冲锋陷阵的人；一块牌子招求遭受到冤屈、郁愤而又无处诉说之人。这样一来，每天都有数百人上书陈事，王世充亲自阅读文章，并非常殷勤地询问，人人自喜，以为王世充会言听计从，然而这件事最后也没什么结果。

王世充在武德二年（公元619年）四月篡夺了杨侗的帝位，改元开明，建国号郑，成为中原地区最强大的势力。但王世充虚伪奸诈、为人刻薄猜忌，政权内部积怨颇深，派系斗争激烈。王世充任命程咬金为将军，秦叔宝为龙骧大将军，表面上待他们很好。然而二人憎恨王世充多有欺诈之心，程咬金对秦叔宝说："王世充既无才识又无胆略，却爱乱说，喜好诅咒，这不过是老巫婆的作为，哪里配作什么君主！"王世充在九曲与唐军交战，程咬金、秦叔宝都带兵上阵。二人和他们的几十名部下，向西骑马跑了一百多步，下马向王世充行礼，说道："我等深受您的特别礼遇，总想报恩效力，但您性情多猜忌，轻信谗言，不是我等托身之处，现在不能再侍奉您，请求从此分别。"于是上马前去降唐，王世充不敢追赶。高祖让他们侍奉秦王李世民，李世民很早就知道二人很了不起，以十分尊重的态度接待他们，任命程咬金为左三统军，秦叔宝为马军总管。

当时王世充的手下部将还有征南将军临邑人田留安、骠骑武安人李君羡，也厌恶王世充的为人，带领部下前来投降。李世民任命田留安做右四统军，将李君羡留在了身边。

武德三年（公元620年），郑将领州县降唐的连续不断，对此王世充制定了酷刑：一人亡叛，全家斩首；兄弟、父子、夫妻相互告发的可以免罪；又让五家为保，有一家亡叛而四家不知也全部杀头；还以宫城为大狱，凡是王世充怀疑的人，连家属都被囚禁起来；众将出征，他们的家属也作为人质关在里面。平日禁闭的人不下万口，每天都有数十人饿死，弄得官员百姓都惊慌害怕，民不聊生。

六月，群臣被唐高祖召集起来谋议进击东都。王世充听到此消息丝毫不敢怠慢，连忙将所属各州镇的精兵良将集中到洛阳，并且设置了分守洛阳四城的四镇将军。七月初一，李渊下诏令秦王李世民挂帅，出潼关讨伐王世充。二十一日，唐军进至新安。这时，洛阳及周围战略要地已经被王世充的兄弟子侄、宗族同姓固守。王世充亲自率领众位将领，总共三万人作为主力部队，严守阵地以防备唐军的到来。

唐军的先头部队由罗士信率领，围住了慈涧，王世充亲领三万兵马救援慈涧。二十八日，秦王李世民亲自率领人马去侦察王世充的军情，途中与王世充的部队相遇，双方人数相差悬殊，李世民部队被王世充军队所包围。李世民策马飞奔并左右开弓，敌人应声而倒，王世充的手下左建威将军燕琪被俘，王世充退兵。第二天，五万步兵骑兵由李世民率领开赴慈涧；王世充撤除在慈涧的布防，返回洛阳。唐大军在洛阳北面驻扎，连营进逼洛阳。在唐军声势的威慑下，王世充的刺史崔枢和长史张公瑾降唐，邓州土豪也捉住王世充所任命的刺史前来投降唐军。

洛阳受到唐军进攻，王世充的管州总管杨庆降唐，李世民封他为上柱国、郇国公，李勣被派去率兵进驻管州城。当时，镇守虎牢关的是王世充的太子王玄应，在荥泽与汴水之间驻扎，听说杨庆降唐，领兵开赴管州，被李勣击退。李勣让郭孝恪写书信劝说荥州刺史魏陆，魏陆偷偷地投降唐朝。王玄应派大将军张志到魏陆处征兵，二十七日，张志等四员将领被魏陆活捉，献出整个州来投降唐朝。郑阳城县令王雄率领各个城堡的将领来降唐。秦王李世民派李勣带兵接应，由王雄出任嵩州刺史。张志受命于魏陆，伪造书信，命令王玄应的东路军队停留待命，令张慈宝先返回汴州，又暗中通知郑汴州刺史王要汉杀掉张慈宝，王要汉斩了张慈宝，投降了唐。各州都已反叛的消息传到王玄应那里，他非常惊恐，逃回洛阳。李世民请李渊下诏，任命王要汉为汴州总管，赐给爵号郧国公。

十一月初一，王世充侄王弘烈管辖下的樊城镇等十四座被唐安抚大使李大亮攻下。二十九日，唐朝军队又攻陷了华州、沮州，驻守襄阳的王弘烈原已经和洛阳隔绝不通，现在更是成了瓮中之鳖。

形势日渐不利之际，王世充决定向河北窦建德求援。从前，他们双方为争夺地盘而发生过冲突，但窦建德的中书侍郎刘彬认为，应把握战机，暂且不要顾及以前的矛盾，出兵应援。他分析说："现在各方割据，唐得关西，郑得河南，夏（窦建德建立夏国）得河北，共成鼎足之势。唐朝发兵攻郑，从秋天打到冬天。唐兵日增，郑的土地越来越少，唐朝强而郑国弱，郑必定不能支持下去。郑灭亡，夏也不能独立存在，不如化解仇恨，发兵救郑。夏打其外，郑攻其内，唐必败。唐军退去，观察郑的动静，如果可攻下郑国，合并两国兵马，乘唐军疲乏之机，天下可得。"刘彬对形势的分析可谓切中要害、一针见血，而且切实可行。当时唐军势盛，夏、郑都无力与唐军对抗，只有维持三足鼎立，才可能生存。窦建德听从了他的话。

十二月初三，王世充的亳、许等十一州降唐。十三日，郑总管徐毅也以随州降唐，形势很快恶化。王世充见到窦建德回访的使者后，立即准备厚礼，派侄子王琬及长孙安世带去，恳求窦建德马上出兵。

武德四年（公元621年）二月，郑太子王玄应率兵数千人从虎牢运粮入洛阳。中途遭遇唐军，王玄应大败而归。李世民见王世充军粮短缺，所属外围城镇纷纷降唐，便令宇文士及奏请围攻东都洛阳。李渊对宇文士及说："回去告诉秦王，我们攻打洛阳的目的在于安定天下，破城之日，法物、乘舆、器械、图籍等非私家应有的东西，你们要封存好，其余玉帛、子女全部分赐立功将士。"

十三日，李世民率军到青城宫。但春城宫壁垒尚未建好，王世充就从方诸门率领两万兵马鱼贯而出，以旧马坊的墙垣沟堑为凭借，抵御唐军，唐军众将官都很害怕。李世民让精骑排列阵式，自己登上北魏宣武帝陵观察郑军，对身边的人说："贼子们的处境已经很困难了，今日打败他，以后他再也没有胆量作战了！"屈突通奉命率领五千步兵攻击王世充，李世民告诫屈突通道："军队一交锋立即放烟火。"等到烟火升起的时候，李世民不顾个人安危，率领骑兵向南冲击，与屈突通会合兵力奋力战斗。

李世民想了解王世充兵力军阵分布情况，便带几十精锐骑兵冲入敌阵，一直将敌阵冲散，杀伤很多敌人。不过因为被长堤所阻拦，李世民和众骑兵走散，唯有将军丘行恭跟随。几名敌军骑兵追来，李世民的战马中箭死了，丘行恭调转马射击追赶的郑兵，箭箭中的，追兵不敢向前。于是丘行恭下马让李世民骑他的坐骑，自己在马前步行，手执长刀，英勇呐喊，多人被斩杀。凭借着丘行恭的英勇表现，李世民才冲出王世充的军阵，得以回归唐军部队。

当时王世充也率领部下殊死战斗，军队屡次被冲散又重新聚合起来，战事从清晨一直延续到中午，王世充的军队才算退兵。李世民乘胜追至城下，俘虏歼灭了七千人，将洛阳城包围起来。

十四日，王世充不甘心战败，又从洛阳城南的右掖门出兵，指挥军队临洛水列阵，想和唐军血战一场。不料，身边将领王怀文突然举槊便刺，由于铠甲厚重，槊仅透外衣而折断，左右将士因这意外事件惊得目瞪口呆，束手无措。王怀文见行刺不成，拨马逃奔唐营，在途中被杀。原来，王怀文是唐骠骑将军，此前曾在侦察敌情时被俘，王世充将他留在身边。但王怀文忠于唐室，这次就是想杀王世充立功。王世充返回军营后，脱下上衣内铠甲，裸示群臣道："怀文小儿用槊行刺都无法动我分毫，这不正是上天在保佑我天命不亡吗？"

先前，御史大夫郑颐不愿侍奉王世充，总是以生病为辞，不参与政事。这时，他对王世充说："我听说佛有金刚不坏身，眼下您就是金刚不坏身。这真是很幸运，能够侍奉您的左右，我愿意放弃官爵削发做和尚，勤于修持佛道，以助您的神武。"王世充说："你是效忠我的大臣，一向德高望重，一旦进身佛门，一定会让世俗感到惊奇。等到战事过后，一定尊重您的志向。"郑颋一再请求，王世充不许。下朝后，郑颋对他的妻子说："我从年轻时开始为官，一心向往名誉节操，不幸遭遇乱世，落到现在这种样子，身处这互相猜忌的朝廷，立足于面临灭亡之灾的国家，而能力有限，自身难保。人生在世总有一死，早死晚死又有什么区别，不如遂了我的心愿，死了也罢。"于是他剃发穿上了僧服。王世充闻讯，非常气愤，说："你认为我必然失败，想以此摆脱死亡吗？不杀了你，又怎么能服众！"于是王世充在闹市中杀了郑颋。

郑颋临刑谈笑自如，周围的人都为他的胆量而折服，郑土崩瓦解的趋势已不可避免了。

不久，李世民按照断敌粮草运输要道的部署，派唐总管王君廓率军到洛口城下，与郑将领裴孝达、单雄信对峙。李世民率步骑五千从洛阳来援，刚到镮辕，单雄信等便如惊弓之鸟一般闻讯逃去。王君廓又乘势追杀，洛口城被唐军占据。

洛阳宫城被李世民包围。城中王世充戒备森严，投石机可以射五十斤重的石头，射程两百步远；有八个弓的弩，箭杆像车辐，箭头如同巨斧，射程达五百步远。李世民不分昼夜地从四面攻城，十几天未能攻克。城中先后有十三个人想献城归顺唐军，均没有来得及发动就被杀死。唐军将士困乏倦怠，思乡心切，总管刘弘基等人请求班师回朝，李世民说："如今我们大兵压城，即将胜利，应当一劳永逸。洛阳以东的各州已见机而归顺了，唯有洛阳一座孤城，它不可能长时间坚持下去，马上就要成功了，怎么能放弃而回朝？"于是下令全军："只有攻破洛阳城才可以收兵，再有胆敢提班师的一律斩首。"众人才不敢再提班师一事。

高祖听说后，发密诏让李世民撤兵，李世民上表说明洛阳必定可以攻克，又派参谋军事封德彝回朝当面奏报军事形势。封德彝对李渊说："王世充虽然占有大片地区，但郑属各州都是表面服从，只洛阳一城真正执行他的命令而已。况且王世充现在已经黔驴技穷，攻克洛阳指日可待了。今日若回师，贼势复振，狼狈为奸互相勾结，以后一定很难铲除了。"李渊听罢连连点头。

不日，王世充的郑州司兵沈悦暗派使者向唐将李勣请降，李勣令驻守洛口的唐将军王君廓夜间发兵偷袭虎牢关，沈悦在城中开门接应，唐军遂攻陷该城。唐占据军事要地虎牢关，对赢得这场战争有着重要的作用。

李世民给王世充写信，分析当前形势，劝他投降，王世充置之不理。三月，李世民已全部切断郑的粮道，于是改变强攻坚城的战术，兵围洛阳却不攻，挖壕沟修堡垒，要把王世充困死在孤城中。果然，城中不久就缺乏食品。百姓把草根树叶全吃光了，就吃由浮泥和米屑制成的饼，食后都得了病，身体肿胀，脚跟发软，饿死的人横七竖八倒在路上。就是地位高贵的公卿也只能吃粗糠，而且吃不饱，尚书郎以下官吏需亲自参加劳动，还时常有饿死之事。窦建德命他的将领范愿守卫曹州，调集徐圆朗、孟海公的所有兵马，向西救援洛阳。他们到滑州，王世充的行台仆射韩洪开城门迎接。

为了阻挠郑、夏两军会合，李世民把围困洛阳的唐军分成两支，分别完成战略任务：一支继续围困东都，由李元吉率领，屈突通辅佐；另一支由他亲自率精锐步骑三千五百，迅速开进虎牢，阻止窦建德西进。

四月十五日，王世充听夏军来援，精神为之一振，派骑将单雄信、杨公卿领兵出击。李元吉吃了败仗，唐行军总管卢君谔战死。郑军的将士又饥又乏，无力再战。不久，王世充的刺史周仲隐又以平州投降唐军。

五月初一，李世民率军在虎牢大破夏军，窦建德被唐军活捉。消息传开，郑的剩余州县又接连降唐。初七，巩县、偃师来降；王世充将领王德仁也放弃洛阳旧城而逃，副将赵季卿献城投降。

初八，李世民将囚禁的窦建德以及王世充原先派往夏请救兵的使者安世、王琬等带到洛阳城下示众。王世充在城上望到，与窦建德相对而泣。安世又被李世民释放进城，叙述窦建德兵败被擒的经过。王世充听后，心中愈加忐忑不安。他召集众将商议弃城突围南奔侄儿王弘烈驻守的襄阳，但是属下们早已斗志全无，都说："夏王是我们的依靠，如今夏王被擒，即使侥幸逃脱，也没有东山再起的希望了。"王世充见大势已去，只好投降。

初九，王世充身穿素衣，太子、文武百官两千余人跟随他出城，步行到唐军营门前，俯伏请罪。李世民讽刺他说道："你过去常把我当做无知的孩童，如今我这个孩童在你面前，怎么这么恭敬？"王世充连连叩首，吓得大汗淋漓，恳求宽恕，李世民方才答应不杀他。

秦王进入洛阳宫城，命令记室房玄龄先进入门下省和中书省，收集隋朝的制文诏书、地图户籍，但已经被王世充销毁，一无所获。又命令萧瑀、窦轨等人封存了隋的仓库，将钱财布匹全部没收，赏赐颁发给将士们。拘押了罪行特别大的十几名王世充的同党，有杨公卿、单雄信、郭什柱、郭士衡、朱粲、郭善才等，将他们全部在洛水岸边斩首。然后，打开牢门，把无辜士民全部释放，还为那些蒙冤受死的人举行了祭祀。经此一番安置，洛阳的人心安定了下来。

秦王李世民观看隋朝宫殿时，感慨道："穷奢极欲，能不亡国吗？"他下令拆了端门楼，将乾阳殿焚毁，毁去则天门及其门前阙楼，废除诸佛寺，寺中的尼姑、和尚，各留下三十名有德望的人，剩下的重返俗世。

唐败夏灭郑，攻取东都，震动天下，王世充残余州县纷纷降唐。至此，所有曾被王世充占领的地方全部被唐平定了。

之后，秦王李世民返回京城长安。李世民身披黄金甲，后面跟着齐王李元吉、李勣等二十五员战将和一万匹铁骑，前后奏响军乐，到太庙献出俘获的窦建德、王世充以及隋皇家车辆马匹御用之物，用"饮至礼"清点战利品祭祀祖先。李渊历数王世充罪状，王世充答道："臣虽罪恶深重，死不足惜，但秦王曾许臣不死。"于是，李渊下诏免王世充死罪，流放到蜀地，同时流放的还有他的兄弟子侄。当王世充准备启程时，唐定州刺史独孤修德带兄弟到此，骗他说赦免他的诏书到了。王世充和兄王世恽连忙跑出，在毫无准备的情况下，被独孤修德等杀死。原来独孤修德父名机，王世充篡权称帝时，独孤机谋划投靠唐室而被王世充杀害。这次独孤修德是特来报杀父之仇的。李渊并没有对此事进行深究，只免除了独孤修德的官职。随后，在流放途中，王世充的兄弟子侄们谋反，也统统被处死。

从王世充篡权称帝到被唐消灭，前后共计三年。唐平定郑、夏两个主要敌人后，在统一全国的战争中已取得了决定性的胜利。

135

唐平河朔，俘窦建德

武德二年（公元619年）四月，王世充自立为帝的消息传到窦建德那

里，于是窦建德与王世充绝交，私自设置御用的旌旗，出入都如天子一样，下达的文书称为诏，称号"夏王"，为隋炀帝追加谥号为闵帝。此时，窦建德仍然依靠突厥来壮大他的势力。窦建德这时的政治目标，就是公开地以河朔为根基，与群雄争夺天下。

六月初三，沧州被窦建德攻下。八月，刘武周南下连败唐军，窦建德趁此机会努力扩大地盘，带兵十万攻洺州。原先被李世民派去的、正在洺州的山东道安抚大使李神通，因临战脱逃退到相州。十一日，洺州被夏军攻陷，身为唐洺州总管的袁子干被俘。十九日，窦建德又联合突厥攻相州，李神通继续撤到唐将李勣驻守的黎阳。九月初四，相州被窦建德攻下，唐相州刺史吕珉被杀。二十五日，赵州被窦建德攻占，唐赵州总管张志昂、慰抚使张道源等人被俘。窦建德因为他们没有尽早投降，打算杀了他们，他的国子祭酒凌敬规劝窦建德说："人臣各自为他们的主人效忠，他们不投降，是忠臣。现在大王杀了他们，靠什么来号召军士们？"窦建德生气地说："我到了城下，他们却不投降，好不容易抓住他们，不能这样轻易地放过他们！"凌敬说道："如今大王派大将高士兴在易水抗罗艺入侵，罗艺刚到，高士兴就投降了，您怎么看待这件事情？"于是窦建德醒悟过来，立刻将他们释放了。

十月，唐高祖李渊特别恩赐占据幽州的罗艺姓李氏，封燕郡王，想要让他替唐管理河北。初六，夏军在衡水被罗艺击败。窦建德和罗艺几次交战都失利，于是率兵向南攻卫州。

窦建德攻卫州带千名骑兵走在前面，过黎阳长达三十里的地界时，遭遇了唐骑兵将领丘孝刚带领的三百骑兵。丘孝刚骁勇无比，善于骑马使长枪，和窦建德突然遭遇，竟痛击窦建德。窦建德败退，幸亏右侧骑兵相救，丘孝刚战败被斩。窦建德怒气难平，回师攻破黎阳城，俘虏了李勣的父亲李盖、唐淮安王李神通、魏征以及唐高祖的妹妹同安公主。带着几百骑兵的李勣被迫逃过黄河，几天后，李勣又因父亲被俘，返回黎阳投降了窦建德。李勣被窦建德任命为左骁卫将军，仍驻守黎阳，但把他父亲带在身边做人质。魏征被任命为起居舍人，魏征是随李密降唐后自愿请命安抚山东的，原李密将领李勣就是他在黎阳劝降的，因而正在黎阳。闻听黎阳陷落，附近州县也纷纷向窦建德投降。

不久，滑州刺史王轨的奴仆杀死王轨并带他的人头来降窦建德。窦建德却说："大逆不道的奴仆竟然杀死主人，我怎能容纳这样的人！"立即下令杀死该奴，并将王轨的人头送回了滑州，滑州的官吏富人十分感激，立即投降。接着，东面的齐州（今山东济南）、济州、兖州（今属山东）也表示归服。

二十四日，窦建德在洺州筑万春宫，把都城从乐寿（今河北献县）迁到这里，按客人的礼仪招待李神通。

十一月，李勣想归顺唐，又恐老父受牵连，便和郭孝恪商量。郭孝恪说："最初我跟随窦建德的时候，无论做什么事都遭猜忌，您应当先立功取得信任，之后再谋划归唐。"李勣听从了他的劝告，攻打王世充占领的获嘉城，攻陷了城池，将俘虏的人和缴获的物品都献给了窦建德，得到了窦建德的信任。十二月，李勣又派人献计道："戴、曹二州户口充实，孟海公窃据其地，与王世充面合而心不合。如用大军攻击，指日可取。得该地后，再兵临王世充的兖、徐二州，河南之地可不战而定。"窦建德认为非常正确，想亲自带兵攻打河南，将领曹旦等被派率兵五万渡黄河，李勣引兵三千与之会合。

武德三年（公元620年）正月，李勣计划等窦建德到河南后，待他疏于防备，用兵突袭大营把他杀掉。这样不仅可以举夏领土归唐，创立奇功，而且父亲也得以解救。不料，窦建德因妻子临产，迟迟不到。窦建德妻子的兄长曹旦，在河南大肆掠夺骚扰，投靠他的各路盗贼心怀不满。盗贼首领魏郡人李商胡聚集五千多人盘踞在孟津，他的母亲霍氏善于骑射，自称霍总管。李勣和李商胡结拜为兄弟，两人进入内堂拜见李商胡的母亲。霍氏流着泪对李勣说："窦建德背信弃义，怎么能够侍奉他？"李勣说："您不必为此烦恼，不超过一个月，他就会被我们杀掉，一起归顺唐了！"李勣告辞后，霍氏对李商胡说："东海公答应与我们共同杀了窦建德，时间长了会发生变化，杀窦建德未必非得由他帮助，不如速战速决。"

当天晚上，曹旦手下的二十三位偏将被李商胡召来，被灌醉后杀死。曹旦的别将阮君明、高雅贤还在黄河北岸，李商胡用四艘大船运高雅贤、阮君明的三百士兵过河，在河中心将三百人全部杀死。有位兽医因水性好得以逃命，到南岸，报告了曹旦，曹旦严加警戒作好防备。李商胡发动叛乱后，李勣才得到消息。李勣营地与曹旦相接，郭孝恪劝李勣袭击曹旦，李勣举棋不定，后来听说曹旦已有防备，便和郭孝恪投奔唐。李商胡又带两千精兵，向北袭击阮君明，将其击败。高雅贤收拾部众逃窜，李商胡追击，无功而返。

李勣归唐后，夏君臣纷纷要求杀了李勣的父亲李盖。窦建德不同意说："李勣原是唐臣，被我俘虏后仍不忘本朝，是个难得的忠臣。他投奔唐朝与他的父亲又有什么关系呢？"

此时济州被曹旦攻陷，窦建德返回了洺州。

窦建德在洺州规劝督促百姓从事农业，养蚕生丝，休养生息；夏境内没有盗贼，商贾旅人在野外露宿，出现了安定繁荣的景象。

这时，李世民在洛阳正准备集中主力与王世充决战。为了防止夏、

谋定中原
唐朝开国奇谋

郑联盟，李渊派使者拉拢窦建德归附自己。而窦建德则全力在河北、山东扩大地盘，为了同唐朝交好，让唐同安公主随使者一起返回长安。

十月，幽州再次遭到窦建德率领的二十万兵马的攻打。窦建德的士兵已经登上城楼上的垛口，薛万彻、薛万均带领一百多人组成的敢死队，从地道出城到窦建德军背后，对窦军发动突然攻击，窦建德军溃败逃走，一千多人战死。罗艺军队乘胜逼近窦建德营地，窦建德在营中摆开阵式，填平壕沟出营奋力还击，罗艺军大败而归。窦建德又追击罗艺军到了幽州城下，没能攻陷只好还军。

十一月，窦建德渡黄河击孟海公。孟海公，曹州人。早在隋大业八年（公元613年）就起兵反隋，拥精兵三万，以周桥城为根基，将势力范围建在河南，这时也和向该地区发展的窦建德产生了矛盾。此时，李世民正兵逼洛阳城，就要发动总攻，黔驴技穷的王世充只得向夏求援。起初，窦建德对郑、唐交战采取观望的态度，后采纳刘彬的建议，派人见王世充，答应出师援救。礼部侍郎李大师等人又被窦建德派去见唐军，请求唐停止进攻洛阳。秦王李世民扣留使者，没有回应。

为了防止夏军西向援郑，十二月初四，唐将罗艺又在笼火城击败夏军。而唐官员张道源去年九月被窦建德俘获，这时正随窦建德在河南，他心中对唐念念不忘，秘密派人到长安，请乘虚出兵攻夏都城洺州，以震慑山东形势。十八日，并州总管刘世让被唐高祖派去进攻洺州，不久，夏行台尚书令胡大恩降唐，被任命为代州总管。

武德四年（公元621年）二月，周桥被窦建德攻下，孟海公被俘虏。三月，唐将刘世让攻破夏属黄州，闻讯后的洺州戒备森严，刘世让无法前进。恰巧并州受突厥攻击，李渊令刘世让撤军防卫后方。

郑东都被唐军围困得没有粮食可吃，形势危急。窦建德恐怕一旦郑

第五章　扫平敌手，一统天下

亡就会威胁到自身，而且现在已经基本稳定了河北的根据地，于是决定即刻发兵救郑。这时他正在曹州，便留下将领范愿守曹州，亲自率领部下将士并征发徐圆朗、孟海公的全军，至滑州，受到郑行台仆射韩洪的开城欢迎。二十一日，唐管州被攻陷，夏军又接连攻破唐阳翟、荥阳等城。水陆并进，泛舟运粮，声势浩大，沿黄河西上。王世充弟徐州行台王世辩也派将郭士衡带兵数千与之会合。拥兵达十余万的窦建德，号称三十万，迅速抵达成皋东原，修筑了行宫于板渚，并派使者通告了王世充。

先前，秦王李世民收到窦建德的信，要求唐军退到潼关，把曾夺取的郑的地方归还，重新建立原来的睦邻关系。李世民召集将领谋士们商议，郭孝恪说："王世充已是无路可走，马上就会成阶下囚，窦建德远道而来救援王世充，这是郑、夏两国最终灭亡的宿命。我们应当凭借虎牢关的险要地形抵御窦建德，随机应变，肯定能打败他们！"记室薛收说："王世充占据东都，物品齐备，统帅的兵马都是精锐部队，现在的困难只不过是缺粮。因为这个缘故，才被拖住，想打打不了，又难以持久坚守。窦建德亲自统帅大军远道而来救援他，也会尽出其精锐。如果放他到此，两股敌人合兵一处，将河北的粮食运来供给洛阳，那么展开殊死搏斗，不知什么时候才会结束，统一天下的日子更不知到何年何月了。现在我们应当围困洛阳，增高壁垒、加深壕沟，如果王世充出兵，要避免与他交战。大王您亲自率领骁勇精锐，先攻入成皋城，厉兵秣马，以逸待劳，等他们到来，一定能够打败窦建德。之后，王世充自然也就败亡，不出二十天，两国君主就会成为我们的阶下囚！"李世民很是赞赏他的计策。

屈突通、萧瑀、封德彝却说："现今我军人困马乏，而王世充凭

坚城死守，难以瞬间攻克，窦建德又乘胜而来，锐不可当、士气高昂，我军腹背受敌，不如退保新安以后再作打算。"李世民反驳道："王世充军屡战屡败，士气大大受挫，加上食尽饥饿，将士离心离德，我军不用力攻，可以坐待其亡。孟海公刚刚被窦建德打败，窦建德现在将傲卒疲，我等占据虎牢关，也就是扼其咽喉。如果他冒险决战，我们可以轻而易举地打败他；如果他不来交战，犹豫不决，王世充将在十日之内不攻自溃。破城后我军兵力、士气、军势自然倍增。一下打败两个敌人，就在此一举了。如果不迅速进军，窦建德进入虎牢，加上新近投降的周围的城池，必然不能坚守。两敌合力，必定无法抵御，怎么会有机可乘呢？我意已决，不必多说！"屈突通等又请解东都之围，坐视形势变化，李世民也一口回绝了。

二十五日，李世民率军进入虎牢。二十六日，从虎牢亲自带领五百骑兵出发，到城东二十多里处观察窦建德的阵营，沿路分别留下随行的骑兵，让程咬金、李勣、秦叔宝分别统领，在路旁设下伏兵，同他一起前往的只有四名骑兵。李世民对尉迟敬德说："我拿着弓箭，身旁有手握长枪的将军，就是来一百万人又能如何？"又说，"敌人看见我就返回，是上策。"在快到窦建德营地的地方，窦建德的游兵与李世民等相遇，游兵以为他们是侦察军情的士兵，李世民大喊："我是秦王。"拉弓射箭，射死对方一员将领，窦建德军惊恐万状，出五六千骑兵追赶，跟随李世民的人都吓得面无血色。李世民说："你们只管在前面走，我和敬德在后。"于是勒住缰绳慢慢走，拉弓射箭射杀那些快要赶上的追兵，每射一箭就杀死一人。

追兵害怕便停止了追击，停一会儿又重新追赶，几次三番，每次追赶必定有人被杀死，追兵不敢再逼进。李世民或退或徘徊不前，引敌人

第五章 扫平敌手，一统天下

进入埋伏圈内后，李勣等人马上奋力出击，追兵惨败，斩首三百多级，俘获窦建德的将领石瓒、殷秋返回虎牢。

唐军初战告捷，李世民派人送给窦建德一封亲笔信，道："魏、赵之地，本为我所有，而您却将这两地掳走。但念阁下俘淮安王李神通后以礼相待，又把同安公主送回唐朝，因此我方释怨结好。王世充乃反复无常的小人，在今日危难之际相诱于你。阁下举国动员，耗费巨资，而为他人卖命，实非上策。之前我们初次交锋，您就大败而归；想救洛阳，又受阻不能。如今事已至此，愿阁下识时务听良言，自动撤回，否则将追悔莫及。"窦建德对此置若惘然，双方在虎牢相持。

四月三十日，王君廓率轻骑千余成功地抄了夏军粮运，夏将张青特被俘。窦建德被唐军阻于虎牢累月不能前进一步，又屡战不利，将领思归，士气低落。这时，国子祭酒凌敬向窦建德献计："大王乘唐军主力在洛阳周围集中之机，应率大军北渡黄河，攻取唐兵力空虚的河阳、怀州。然后一鼓作气，跨越太行山，入上党，取晋、汾，直指蒲津。如此

昭陵

有三利：一则入无人之地，有必胜的把握；二则开拓地盘安抚民众，势力益强；三则震骇关中，唐对郑的包围自然会解除。"窦建德虽认为有理，却未按计而行。

相持一个多月，李世民通过侦察、试探和小规模交战，早已将夏军的底细摸清，决定诱使窦建德的主力出战。李世民根据情报，得知窦建德要等唐军粮草殆尽，在河北牧马的机会来突袭虎牢，李世民将计就计。五月初一，李世民北渡黄河，随即向南登上广武山观察形势，顺便在黄河中的绿洲上留下千余匹马佯装放牧，以诱敌人，晚间才回虎牢。窦建德果然被此假象所迷惑，第二日早晨，率全部主力出战，自板渚出牛口列阵，北距黄河，南到鹊山，西临汜水，绵延二十里，擂鼓而进。王世充部将郭士衡也为夏军鼓噪助威，南面布阵，绵延数里。唐在汜水西岸严阵相峙，但众将都有些畏惧夏军兵力的强大。李世民冷静沉着，先带一些骑兵登上高丘，仔细察看敌军，然后对众将分析道："窦建德起自山东，从未遇到过特别强大的敌人。今日渡险而喧闹，说明军纪涣散；逼城而阵，有轻敌之意。我按兵不战，敌勇气自衰，列阵久而兵饥，不战自退，那时乘势追击，必定取胜。现在我对诸公预言，中午一过，敌军定破。"

窦建德果然仗着兵众将多而骄傲轻敌。他派三百骑兵涉汜水直到距唐营仅一里处，并向李世民挑衅道："敢选数百勇士决一死活吗？"李世民派王君廓带领两百名长枪手交锋应战，忽退忽进，双方不分胜负，各自返回营地。王世充的侄子王琬骑着隋炀帝的青骢马，兵甲崭新，远离阵前大肆张扬。李世民说："他骑的真是匹好马！"尉迟敬德请求去夺马，被李世民制止，说："我怎能为一匹马损一员大将呢？"尉迟敬德不听，冲入敌阵，将王琬生擒，其良马也被带回唐营。

终于到了决战时刻，窦建德布好阵等了两个时辰，士兵们饥渴困乏，都坐下来，毫无纪律地争着喝水。这一战机被李世民抓住，他命部将宇文士及率三百骑兵经窦建德阵，驰而向南，以试探敌人，并叮嘱道："若敌军不动，你就返回；若动就将他们引向东边。"宇文士及至敌阵前，夏军果然动乱。李世民大声道："是时候了，发起攻击！"正好牧放的马也调到，遂命全军杀出。李世民率轻骑作为先锋，大军随后，东涉汜水，直冲敌阵。唐骑突然杀到，夏朝臣慌忙逃向窦建德；窦建德急令身后骑兵阻拦唐军，由于被朝臣在中间所阻不能通过。窦建德挥手大喝朝臣赶紧闪开，转眼之间，唐骑已到面前，窦建德大惊失色。窦建德的士兵回头看见唐旗，全都溃逃四方，唐军追击出三十里，三千多夏军被杀。窦建德被长枪刺中，在牛口渚躲起来。唐车骑将军杨武威、白士让追逐窦建德，窦建德落马，白士让挺枪欲刺，窦建德说："别杀我，我是夏王，献上我可以使你们得到富贵荣华。"窦建德被下马的杨武威捉住，用备用马驮着窦建德来见李世民，李世民对窦建德说："我们讨伐王世充，与你有何相干，竟跑到你的领土之外，来与我们交战！"窦建德说："现在我不自己来，恐怕以后您也会向我们进攻的。"

　　夏军残余将士都溃散而去，而窦建德的妻子曹氏和左仆射齐善行带数百骑兵逃回了洺州，李世民则把俘获的五万夏军放归故里。

　　回洺州后，窦建德的余部有的要立其养子为主，征集各地夏军拒唐，也有的主张再回海边为盗剽掠居民，只有齐善行认为不可，说："因为隋末丧乱，我们才苟求生存相聚草野。英明神武的夏王，平定河朔，兵强马壮，但一朝被擒，易如反掌。岂非天命有归，非人力所能争呀！今丧败如此，守也无成，逃也不免，将要灭亡的国家，不如诚心归大唐，不要再去祸害百姓。谁想获取锦帛，可以从府库中搬取，千万不要从百姓家中掳掠！"

随后，从库中运出数十万段帛，放在万春宫东街，经过三个昼夜全部分发给将士。与此同时，布置兵士布防城中，凡领得财物的立即出城，不得再入居民之家侵扰。

十五日，士卒散尽后，夏右仆射裴矩、左仆射齐善行、行台曹旦，率百官奉窦建德妻曹氏及破宇文化及时得到的传国之玺等珍宝降唐，同时还献相、洺、魏三州之地。齐善行受到了唐高祖的重赏，并被任命为李世民的左二护军。随后，夏博州刺史冯士羡推荐唐淮安王李神通为抚慰山东使，三十多个州被招降，原来被窦建德所占领的河朔地区也全部归唐。

七月初九，李世民凯旋，当日，把刚俘虏的窦建德、王世充献于太庙，祭告祖先。十一日，窦建德在长安市上被斩首，时年仅四十九岁，他自起义反隋到被唐消灭共计六年。

有人归结窦建德失败的原因在于他未能采纳凌敬的意见。的确凌敬的建议是很好的，但却无法实施，如果在窦建德率军、绕道北上之时，洛阳一旦被攻破，窦建德就会陷入被动，而唐军则可全力相击。在当时情况下，可以针对李世民的布兵来制定策略：一部分绕道北上，击唐军之后；另一部分对峙唐军，备而不战，使唐军不能全力攻打洛阳，这样也许更为妥当。不过，窦建德全军决战的策略虽非万全，但也并不为错，失误之处在决战时轻敌散漫，使唐军有机可乘，以致最终败亡。

唐平江陵，萧铣降杀

隋大业十三年（公元617年）十月，在农民起义此起彼伏、各地豪强纷纷割据的情况下，隋岳州校尉雷世猛、董景珍，旅帅郑文秀、许玄彻、徐德基、万瓒、郭华、张绣等人也计划着反叛隋朝。开始，董景珍被大家推举为首领，但他推辞说："我卑贱寒微的出身，很难使大家信服。罗川县令萧铣本是梁室的后裔，为人宽仁大度，请尊奉他为领袖，以顺从民意。"众人赞同，于是派遣使者将此意报告给萧铣。萧铣收到消息后心中大快，立即回信道："我先君过去侍奉隋朝，从来没有少作贡献。可他还是大肆掳掠我们的土地，并覆亡了国家。因此我痛心疾首，总想一雪前耻。现在是上天成全各位，要恢复梁朝，我岂能不应声而动、厉兵秣马！"随后，萧铣就以讨捕群盗为名，招募数千兵马。

萧铣是西梁宣帝萧詧的曾孙，祖父名叫岩，隋开皇初叛隋降陈。陈亡，百姓推举他为首领，抗御隋军，与隋将宇文述作战失败，被杨坚斩首于长安。萧铣少年时家贫清苦，靠替人抄书为生，因为孝顺母亲而在家乡百姓中出了名。隋炀帝念他是萧皇后的堂侄，才将他提升为罗川令。

这时，恰巧反隋豪强沈柳生从颖川率军进攻罗川，败于萧铣。萧铣于是对部下们讲道："现在天下都造反了，隋朝的政策法令已经名存实亡，岳州的豪杰起兵，想荐举我为主。只要听从他们的请求，凭这号召江南群雄，就可以中兴梁氏的国统，并将沈柳生招至麾下，他也会跟随我的。"大家听了很高兴，都拜萧铣为主。至此，萧铣自称梁公，将隋朝的服饰和旗帜都恢复为梁朝的旧制，沈柳生归附，被萧铣任命为车骑大将军。

萧铣起兵才五天，周围地区就有数万人相继归依。于是萧铣就率众进军岳州。徐德基被董景珍派去率领岳州郡的豪杰出来迎接。还没见到萧铣，沈柳生就与他的党羽商量道："我先推举梁公的，功绩应属第一。现在岳州的诸将都是位置显赫拥有重兵，如果我进城，反而要位于他们之下，不如将徐德基除掉，将他们的首领扣留，我自己控制住梁公，进取岳州郡城，那样就没有地位高于我的人了。"于是徐德基被沈柳生杀死，萧铣闻后大惊说："现在要起事，我们突然内讧，我不能成为这样的首领。"于是走出了军门。沈柳生惊慌失措，跪在地上请罪，萧铣责备沈柳生，但还是饶了他，于是列队入城。

入城不久，董景珍就对萧铣说道："徐德基是举义建业的功臣，被沈柳生无缘无故杀害了，像这样的人如果不杀了他，怎能治理国家！况且他为盗日久，现虽顺从义军，但凶残的本性没有改变。今日共处一城之中，势必要叛上作乱。若不预先采取措施，会追悔莫及。"萧铣点头同意，于是董景珍逮捕了沈柳生，将他在城内斩杀。沈柳生部下溃散而去。

武德元年（公元618年）四月十九日，萧铣即皇帝位，在城南筑坛，祭祀天地，自称梁王，改元鸣凤，完全依照梁朝的制度设置百官。追封加谥他的叔父萧琮为孝靖皇帝，祖父萧岩为河间忠烈王，父亲萧璇为文宪王，董景珍等七位功臣都被封了王号。

杨道生被萧铣派去攻克了南郡。南郡的郡城是江陵，萧詧曾在此地建立西梁，因此，萧铣迁都至此，并修建了宗室的庙宇。当时，原萧绎的吏部尚书岑善方的孙子岑文本也在江陵，萧铣知他学识渊博，推举为中书侍郎，掌管机密材料。

隋将王仁寿、张镇州等进攻阻击，但炀帝被杀的消息不久传到这里，他们就归降了萧铣。隋钦州刺史宁长真也归附了萧铣，汉阳太守冯盎以苍梧、珠崖、高凉、番禺地区归附了林士弘。萧铣、林士弘分别派人招降交趾太守丘和。丘和没有顺从，宁长真率领岭南的军队攻打丘和，丘和准备出城投降，司法书佐高士廉劝他道："虽然宁长真的军队人多势众，但是孤军深入远道而来，不能长时间坚持打下去，我们城里的士兵足够用来抵抗敌人，怎么能望风而降，被别人制约？"丘和听从他的劝告，高士廉被任命为军司马，统领水陆各军迎击，打败了宁长真。宁长真孤身一人得以逃脱，他的部下全部被俘。不久，隋炀帝的禁卫军从江都到交趾，隋炀帝的死讯传来，交趾也献出整个郡归附于萧铣。

始安郡李袭志，祖父是北周大将军李迁哲。他在隋末散家财募兵得三千人，固守始安郡孤城。萧铣等数次都未攻克。隋炀帝死，李袭志亲率吏民追悼三日。有人劝说："尊公本是中原贵族，长期为官边疆，政绩显赫。今隋室无主，举国大乱，凭您的威望，号令江南，像秦末尉陀一样割据岭南称王，可不费吹灰之力。"李袭志大怒道："我家世代效忠皇帝，坚贞不贰。今江都虽失，但社稷犹存。尉陀狂妄僭上，有什么值得羡慕！谁若再胡言乱语，立刻斩首。"众人不敢再言。李袭志坚守孤城两年，终因外无援兵而被萧铣攻陷。李袭志被萧铣抓住后没有被杀，而是以工部尚书检校桂州总管的职务受到重用。于是东自三峡，北达汉川，南尽交趾，都为萧铣所有，拥劲兵四十余万。

谋定中原

唐朝开国奇谋

武德二年（公元619年）八月，杨道生被萧铣派去进犯硖州，被唐刺史许绍打败。萧铣让部将陈普环率领水军溯江而上攻打硖州，想要取得巴、蜀地区。许绍的儿子许智仁等人被派赶往到西陵，给萧铣的军队以痛击，活捉陈普环。萧铣派兵守卫荆门城和安蜀城。

先前，李靖被唐高祖派去夔州筹划对付萧铣。李靖到硖州，遭萧铣军队阻挡，迟迟不能前进。这就惹恼了李渊，暗诏许绍将李靖斩首，许绍爱惜李靖的才能，上书求情，李靖免于一死。后李靖才得以到达夔州。

武德三年（公元620年）三月，夔州遭到占据开州、道州的酋长冉肇则进攻，当时该地属于萧铣的势力范围。唐夔州总管李孝恭迎战不利，李靖率兵八百突袭，冉肇则临阵被斩，五千人被俘获。随后，李孝恭又乘势攻克了开、道二州，将梁东平郡王萧阇提击杀。

149

萧铣为人心胸狭隘，多猜忌，于是宣布命令要裁军兴农，实际是想将诸将手中的兵权收回。大司马董景珍之弟是将军，因为内心的不满，准备谋反，事情泄露，被杀死。萧铣卜诏赦免了当时镇守长沙的董景珍，将他召回江陵。董景珍为自保于是进献长沙投降唐，硖州刺史许绍代表大唐出兵相迎。

齐王张绣奉萧铣之命进攻长沙的董景珍，董景珍对张绣说："西汉高祖'前年醢彭越，往年杀韩信'，这种功臣被诛杀的事你没见过吗？为什么要互相攻杀？"张绣不作回答，兵围长沙。董景珍打算突围，被部下杀死。张绣被萧铣任命为尚书令，但居功自傲，又被萧铣杀了。经过此事后，梁国的功臣及众将领都各怀鬼胎，因而兵力也一蹶不振。

许绍所辖硖州与萧铣的梁、王世充的郑两国接壤，郑、梁将抓获的许绍部下全部杀掉；而许绍抓获郑、梁的士兵，却发放路费全部遣返。

郑、梁羞愧难当，不再掳掠侵犯，硖州境内得以安定。

武德四年（公元621年）正月二十八日，梁的五州、四镇被唐黔州刺史田世康攻克。这时，李靖向夔州总管李孝恭献取萧铣十策，李孝恭将其上奏朝廷，得到李渊的赏识。二月初三，李渊命李孝恭大造战舰，练习水战。又因李孝恭不熟悉军事，任命李靖为行军总管兼李孝恭长史，委以军机重任。李靖请李孝恭召集巴、蜀地区各酋长子弟，以各自的能力授予官职，将其安置在身边，以重任为诱，押为人质。

九月，李渊下诏征发巴、蜀兵，以李靖任行军长史，李孝恭为荆湘道行军总管，统率十二总管，从夔州沿长江顺流而下；庐江王李瑗被任命为荆郢道行军元帅，黄州总管周法明走夏口道，黔州刺史田世康取道辰州道，共同攻打萧铣。当月，李孝恭从夔州出发，适逢水涨，众位将领请求待水落后再进军，李靖说："兵贵神速。现在我们的兵力刚刚调集，萧铣对此一无所知，如果趁长江涨水，兵临其城下，攻其不备，必定能生擒萧铣，这样的天赐良机怎么可以错过！"李孝恭听后，命令大军速进。

不出李靖所料，萧铣果然以为江水方涨，疏于防范，李孝恭带领着顺流而下的唐军顺利地攻克荆门、宜都二镇，进至夷陵。萧铣将领文士弘想阻截唐军，率精兵数万屯守清江。十月初九，李孝恭挥军进击，一战建功，得战舰三百余艘，文士弘损军数万，唐军乘胜一直追击到百里洲。收集残兵再战的文士弘全无斗志，一战即败，退入北江。这时，唐降服了梁江州总管盖彦举管辖的五州。

萧铣削夺了大将们的兵权后，只有数千人守卫江陵。听到文士弘大败、唐大军将至的消息，他束手无策，仓促征兵，但军队全在江、岭之南，路途艰难遥远，得不到迅速增援，无奈之下只有全力迎战。李孝恭准备攻打萧铣，遭到李靖的劝阻："对方是屡败的军队，加之计谋没有预先制订，更难持久。我军不如暂且停泊在南岸，兵锋缓一缓，他们必然会为阻拦我军和守城而分散兵力，这样实力必将有所削减，我军乘敌军松懈发起进攻，必然获胜。现在进攻，敌方会拼力死战，其兵又勇猛无比，不易抵挡。"

李孝恭不听，自己带领精锐部队出战，果然失败逃向南岸。萧铣的部队去抢夺唐军丢下的军资，李靖见敌军混乱，每人都背负很多，于是挥军奋击，大败敌军，乘胜进入江陵外城。同时水城也被攻下，得到大批船只。李靖下令将所获船舰全部散弃于长江中，众将不明用意，都说："这些破敌缴获的战舰，为何白白丢弃资助敌军而不为我军所用？"李靖解释道："萧铣占地甚广，东到洞庭湖，南至达岭外。我方孤军深入，若攻不下江陵，敌援军四集，就会腹背受敌，进退两难，舟楫也派不上用场。今弃舰船，使塞江而下，援兵见到，必认为江陵已被我攻破，不敢冒险轻进。侦察也需月旬，我军定能在这一空隙里攻克江陵城。"果然，萧铣援兵见顺江而下的散乱战船，疑惑不前。梁的长史高士廉、交州总管丘和、司马杜之松等去江陵朝见，听说萧铣大败，遂全部降于李孝恭。

李孝恭指挥唐军团团围困江陵，萧铣困守孤城，外无援兵，问策于中书侍郎岑文本，岑文本劝他降唐。萧铣无可奈何地对群臣说："梁朝不得天助，不能再坚持了；我不愿因我一人而使黎民惨遭涂炭。"十月二十二日，萧铣用太牢祭告了梁的太庙，出城投降，守城的人皆泣不成声。萧铣带领他的群臣穿着缟素到唐军营门前，说："罪在我萧铣一人，无关百姓，希望不要屠杀劫掠。"李孝恭占领江陵，各位将领想要烧杀掳掠，岑文本劝李孝恭说："江南的百姓，从隋末以来，备受虐政，叫苦不已，加上群雄争斗，至今生存下来的都是刀枪下逃过来的，他们引颈盼望贤明的君主。萧氏君臣、江陵百姓所以决定归顺，也许就是寄希望于此了。现今如果放纵军队任意抢掠，恐怕从江陵向南的广大地区，归心全无了！"李孝恭认为他的意见很对，立即下令严禁抢掠扰民。诸将领又说："梁的将帅抵抗官军战死的，罪大恶极，应该把他们的家产用来赏赐将士。"李靖说："王者之师，应当以仁义为先。他们尽忠而死，怎么能与叛逆罪一样籍没其家？"于是唐军秋毫无犯，城中安然。南方州县因此纷纷归顺。萧铣降唐数日后，梁各路援军到达的有十余万，闻听江陵失守，也都归降了。

萧铣被李孝恭押送到长安，李渊历数他所犯罪状，萧铣答道："隋失其鹿，天下共逐之。天不助我，为陛下所擒，若以此为罪，甘愿一死。"李渊恨他不屈言辞，将他斩首，时年三十九岁。萧铣从兴起到灭亡，一共经历了五年时间。

唐平山东，斩刘黑闼

武德四年（公元621年）五月，唐击溃了夏的主力军，窦建德临阵被俘，在长安被斩首，但他的许多部下在洺州分取府库财物后散匿在民间。为了加强对河北一带的控制，唐设法清除这些势力，镇压的政策更严厉了。唐地方官以"暴横乡里"为由，逮捕了窦建德的一些部将，追索库物，严刑拷打，加以罪名，窦建德的旧部因此都惊恐不安。

这时高祖征召窦建德的旧将董康买、范愿、曹湛以及高雅贤等人，于是他们私下里商讨："洛阳已经因为王世充降唐而归入唐朝版图，他的将相大臣段达、单雄信等人都遭满门抄斩；如果我们去长安的话，命运也和他们无异。自大业十年以来，我们这些人身经百战，早就该死了，如今生命已经不足为惜，应该在有生之年成就一番大事业！况且夏王抓住唐淮安王李神通，对待他如同对待宾客，而夏王被唐朝抓获后却招致身死之祸。我们这些人都受到夏王的厚待，如果现在错过报仇的机会，以后如何见天下的人？"遂决定举旗反唐。

范愿等人为找出具有天命的领袖进行占卜，结果刘氏主吉祥。同僚中有人叫刘雅，范愿等人随即来到了漳南，把大家的谋划报告给他。不料刘雅却说："如今天下太平，我只想在乡下做一个农夫，不想参与兵事。"一句话激怒了这些人，又怕他泄露机密，就这样刘雅被杀。这时，范愿忽然想起一个人，对大家道："汉东公刘黑闼谋略超群、果断骁勇，而且很宽容，在夏军中有很高威望。今日要想重聚夏王旧部，非他不可。"

刘黑闼是贝州漳南人，年轻时骁勇狡猾，与窦建德颇有交情，后来当了强盗，相继跟随李密、王世充、窦建德。王世充任命他为骑将，刘黑闼看到王世充的所作所为，经常暗地里嘲笑他。王世充让刘黑闼守卫新乡，李勣袭击并俘虏了刘黑闼，献给窦建德。刘黑闼被窦建德任命为将军，赐予汉东公的爵位，常常让他带领骑兵四处偷袭，或者侦察敌情。刘黑闼往往乘机攻击，得胜后返回，军中号为"神勇"。建德失败后，他隐藏在漳南务农为生。

众人在范愿的提醒下，前往刘黑闼家。刘黑闼欣然赞同举兵反唐，而且设宴共饮，商定了行动计划，并招兵百余人。

七月十九日，刘黑闼率众突然袭取了漳南县城。唐朝接到刘黑闼起兵的奏报后，设置了山东道行台于洺州，在魏、定、冀、沧四州设置了总管府。二十二日，淮安王李神通被任命为山东道行台右仆射，以加强防御和镇压。

八月十二日，唐贝州刺史戴元祥、魏州刺史权威与他交战，都失败身亡。窦建德的旧部有些人投奔刘黑闼，刘黑闼拥有了两千人马，在漳南筑坛，祭奠窦建德，将他们起兵意图向窦建德的亡灵报告，自称大将军。高祖下诏调动关中三千步骑兵，由将军秦武通、王行敏率兵攻打刘黑闼，幽州总管罗艺也被派去攻打刘黑闼。

二十二日，历亭被攻陷，唐将王行敏被杀。二十六日，唐廷派来安抚的官员盛彦师被唐兖州总管徐圆朗逮捕，公开举兵响应刘黑闼。

徐圆朗是兖州人，隋末起兵占据本郡，后纵兵掠地，尽有琅玡以西，东平以南地区，拥兵两万余人。曾归附瓦岗军李密，李密失败后转归王世充，洛阳被平定后降唐，受爵鲁郡公，任兖州总管。刘黑闼谋划举兵反唐时，就暗中同徐圆朗沟通。刘黑闼反后，唐在加强军事镇压的同时，盛彦师被派去安抚河南，以防连锁反应。谁知盛彦师行至任城，徐圆朗心存疑虑将他逮捕。唐的这一行动弄巧成拙。

刘黑闼以徐圆朗为大行台元帅，兖、陈、郓、伊、杞、曹、洛、戴共八州的豪强都纷纷响应。徐圆朗对盛彦师极其优待，想要盛彦师劝其弟以整个虞城投降。盛彦师在给弟弟的书信中写道："我奉命出使未能称职，敌人将我俘虏，臣子不忠，立誓赴死，母亲只好托你好好照顾，不要念我。"徐圆朗看到此信，开始时脸色不好，而盛彦师神色自若，徐圆朗脸色由阴转晴，说："盛将军很有气节胆量，是难得的良将。"如原来一样对待盛彦师。九月初七，徐圆朗自称鲁王。至此，山东形势大变。

关内兵由淮安王李神通率领到冀州，与罗艺军会师。唐又征调洺、邢、魏、相、恒、赵等州兵力共五万多人，与刘黑闼会战于饶阳城南，列战阵长达十几里。刘黑闼寡不敌众，只沿河堤排成单行列阵，以抵御唐军。恰好天降大雪，李神通乘风进攻，不料风向突然转变，李神通大败，三分之二的兵马物资都损失了。高雅贤受到罗艺从西边的进攻，兵败逃跑。罗艺得知战事不利，退保藁城，刘黑闼到藁城攻打罗艺，也战胜，薛万均、薛万彻兄弟都被刘黑闼俘虏。薛氏兄弟逃回，罗艺带兵返回幽州。获得这场大捷，刘黑闼军威更振。

十月初六，瀛州被刘黑闼攻陷，随后，观州举城降刘黑闼。毛州人董明灯等也响应，将唐刺史杀死。

十一月十九日，定州也被刘黑闼攻取，生擒总管李玄通。刘黑闼爱其才，想劝降后任命为大将，遭到拒绝。刘黑闼怒不可遏，把李玄通囚禁起来。有故吏不忘旧恩带着吃的前来探望，李玄通道："诸君可怜我今遭凶禁，以酒肉来相宽慰，今天与大家共饮。"酒酣，对看守说："我能舞剑，让我助酒兴，借刀一用。"持刀舞罢长叹道："大丈夫受国厚恩，管理一方土地，不能保全所守城池，有何面目活在世间。"随即引刀自杀。消息传到长安，李渊不禁为他的自杀殉唐潸然泪下。

十二月，冀州被夺取。刘黑闼打败淮安王李神通后，致信魏、赵两地，窦建德的旧部争相响应刘黑闼，杀死当地的唐朝官吏。初八，宗城受到刘黑闼的几万人马的进攻，驻扎在宗城的唐黎州总管李勣弃城逃走。十二日，李勣等人被刘黑闼追击，唐军大败，五千名士兵被杀，只有李勣只身逃脱。十四日，洺州当地豪强在城中响应刘黑闼，纷纷反叛唐朝。此后十天，相州也被攻下，刘黑闼向南攻取了卫、黎两地，转眼经过半年，就恢复了全部窦建德的旧地。又有使节被刘黑闼派去同北面突厥联合，俟斤宋耶那被颉利可汗派去率领突厥骑兵随刘黑闼征战。

刘黑闼士气高昂，唐派往河北的官员将军秦武通、洺州刺史陈君宾、永宁令程名振都逃回长安。刘黑闼军以不可阻拦之势，三天之内连克赵州、邢州、魏州、莘州。

武德五年（公元622年）正月，刘黑闼自称汉东王，以天造为年号，定都洺州。命范愿为左仆射，高雅贤为右领军，董康买为兵部尚书，征召王琮为中书令，刘斌为中书侍郎，恢复窦建德对文武官员的职位。刘黑闼的法令行政全部效法窦建德，但谈起领兵作战，他的骁勇骠悍则超过窦建德。一个与唐分庭抗礼的河北政权重新崛起。

面对新出现的严峻形势，李世民自荐率兵征讨，李渊令他和李元吉一同前往平定。

获嘉被李世民军夺取，刘黑闼弃相州退保。正月十四日，相州也被攻下，唐军随即北进肥乡，再推进到洺水南岸，隔河与洺州城相互对峙。与此同时，幽州总管罗艺所率部兵万余配合李世民对刘黑闼实行南北夹击。刘黑闼想先击败罗艺，再决战对付李世民主力。于是留兵万人，令范愿固守洺州，亲自率军北上，在沙河县夜宿。就在这天晚上，李世民秘密地派将领程名振，在洺州城西二里堤上放下六十面大鼓。深夜，突然鼓声大作，周围的土地都在震动，范愿以为唐军要大举进攻，惊慌失措，急忙派人驰告刘黑闼。

刘黑闼闻报大惊，匆忙返回洺州城，另派弟弟刘十善和行台张君立分兵一万北进鼓城，想要拦截罗艺的部队。三十日，罗艺与刘十善在徐河展开激战，十善军大败，伤亡八千，狼狈不堪地逃回洺州。

洺水县人李去惑见唐军强大，以城归降，李世民很高兴，派彭公王君廓率兵赴洺水，同李去惑一同守城。二月，刘黑闼带军回师攻打洺水，在列人县，刘黑闼的军队被李世民派出的唐将秦叔宝击败。

十七日，邢州被李世民夺回。十九日，冯伯让以井陉降唐。二十四日，定、栾、廉、赵四州被罗艺夺取，并与李世民会师洺州。

刘黑闼行军途中虽受挫折，但并未回师，直抵洺水城。该城四面环水，水宽五十余步。刘黑闼的军队无法渡水攻城，就在城东北筑两条甬道，作为攻城道路。李世民见洺水城情况危急，曾三次率兵相救，都因敌军阻截而不能通过，他害怕王君廓一人无法守住洺水城，同各个将领商量如何救助。李世勣说："如果甬道一直修到城下，就没有办法守城了。"行军总管罗士信请求前去守城。于是李世民登上城南的山头，用旗语召王君廓，王君廓率领部下奋力冲出敌军的包围，趁情势混乱之机，罗士信成功地率两百士兵入城，代替王君廓坚守城池。

刘黑闼不分日夜地发起猛烈攻击，适逢大雪，唐军无法增援，最终洺水城被攻陷。刘黑闼早就听说罗士信勇猛，不想杀他，但是罗士信坚决不投降，于是刘黑闼杀了他，当时罗士信年仅二十八岁。之后，不甘心战败的李世民于二十九日又夺回洺水城。

三月，李世民与罗艺连营在洺水河南岸驻扎，分部分兵屯驻河北岸，以待战机。刘黑闼恃勇接连挑战，但唐军坚壁不出，李世民暗派骑兵去把刘黑闼的粮道完全切断了。

十一日，高雅贤被刘黑闼提升为左仆射，并在军中设宴欢庆。李勣乘机引兵偷袭，高雅贤借着醉意单枪匹马地冲入唐军阵中，被李勣部将潘毛枪刺落马下，幸亏左右及时救下，但还没回到军营就伤重而亡。十三日，唐军又去偷袭，不料早有防备的刘黑闼手下将潘毛生擒。

刘黑闼从贝、冀、沧、瀛诸州大量筹集粮草，水陆两军共同保护，送往洺州途中。唐将程名振所率千余精兵突然发起进攻，粮船被凿沉，粮车被烧毁，粮道被切断。这时，李世民与刘黑闼已相持六十多天。刘黑闼突袭李勣，李世民带兵突然袭击刘黑闼的背后想支援李勣，不料被刘黑闼团团围住，尉迟敬德率领壮士冲入包围圈，李世民与略阳公李道宗才得已脱离险境。李世民推测刘黑闼的粮食已经吃光，决战将为时不远，于是命人在水上游筑坝将河水截断，对看守堤坝的官吏说："等我和敌人交战时，就打开堤坝放水。"二十六日，刘黑闼率领两万人马逼近唐军营寨列阵，李世民亲自统率精锐骑兵攻打刘黑闼的骑兵，刘黑闼带领部队殊死战斗，从午后到日落，几度交战，刘黑闼无法再坚持下去。王小胡对刘黑闼说："我们已经是黔驴技穷，还是走为上策。"于是王小胡与刘黑闼率先逃跑，其余的将士不知道头领已经逃走，仍然在战场上殊死搏斗。唐看守堤坝的官吏开决堤坝，汹涌的洺水一泻而下，水深一丈多，刘黑闼的军队大败，死伤无数。刘黑闼与范愿等两百人骑马逃入突厥，整个山东地区被唐军平定。

闻听刘黑闼兵败，徐圆朗惊恐万分，不知所措。刘复礼献计说："有一人名刘世彻，长于文韬武略，而且有帝王之相。您若自立为帝，恐难成功，如尊世彻为主，必定可以成功。"徐圆朗派他到开封迎接刘世彻。有人劝说道："将军派人去迎接刘世彻，这个骗局将害您不浅；刘世彻如果得志，将军怎能有立身之地？您没看见李密杀翟让吗？"徐圆朗也恍然大悟。不久，刘世彻带众数千来到兖州城下，准备接受徐圆朗出城欢迎。徐圆朗不出，派人召见。刘世彻知道事情有变，想逃走，又担心无法脱身，只得硬着头皮进城拜见。徐圆朗将兵权夺在手中，给刘世彻司马的职位，并令前往攻取谯、杞二州。山东人久闻其名，所到处无不归降。徐圆朗更加嫉妒，于是把他杀掉了。

李世民战胜刘黑闼后，在四月初打算带兵从河北攻打徐圆朗，此时高祖召他，要他速回长安，于是军队由齐王李元吉统领。高祖在长乐坂迎接世民归来。李世民详细陈述了攻打徐圆朗的形势，高祖又将他派往黎阳与去济阴的唐军会合。二十五日，徐圆朗的陈州被唐将史万宝攻陷。到七月初，李世民指挥唐军以破竹之势连克徐圆朗十余城，淮河到济水一带相继平定下来。这时，他令行军总管任瑰、淮安王李神通、李勣继续消灭徐圆朗残敌，自己在七月初六和齐王李元吉等返回长安。

刘黑闼乘李世民从河北移兵南击徐圆朗之时，引来突厥颉利可汗数万骑兵包围了新城，六月初一，刘黑闼又引突厥大举进攻山东。七月初，当刘黑闼长驱南下到定州时，亡命在此地的曹湛、董康买等故将重新聚兵响应。李渊在七月十五日以淮阳王李道玄为河北道行军总管征讨刘黑闼，并同时派罗艺出兵迎击。九月，刘黑闼攻陷瀛州。为增强讨伐刘黑闼的力量，十月初，齐王李元吉又被任命为领军大将军、并州总管，征讨山东。

河北重又燃起熊熊烽火。十月初五，刘黑闼的弟弟刘十善与唐贝州刺史许善护战于鄡县，许善护全军覆没。初六，唐将桑显和在晏城击败刘黑闼军，但唐观州刺史举城投降了刘黑闼。

十七日，刘黑闼与唐行军总管淮阳王李道玄在下博交战，李道玄军失败，自己也战死沙场。当时李道玄带领三万兵马，以史万宝为副将，两人素来不合，李道玄率领轻骑兵率先出战冲入敌阵，同时命史万宝率大军随后。史万宝却按兵不动，对他的亲信说："皇帝的敕令说淮阳王是毛孩子，把行军大权交给了我。现在淮阳王骄傲自大，如果和他一起进攻，必然一败涂地导致覆没，不如用他作饵引诱敌人，如果他在战事上失利，敌人必定争相前进，我以逸待劳，就一定能够打败敌人！"这导致了李道玄与敌人作战时由于孤立无援而战亡。李道玄战死，士兵都斗志全无，因此唐军大败，史万宝逃回。李道玄多次跟随秦王李世民东征西战，死时年仅十九岁，李世民深为痛惜，对人说："常跟随我征伐的道玄，见我深入敌阵，左右冲突，杀敌无数，心里羡慕想要模仿，以至于壮烈战死。"并为李道玄的阵亡而失声哭泣。

李道玄全军覆没，导致山东地区的其他唐军异常惊恐。洺州总管弃城西逃，一些州县又纷纷叛唐。十日之间，刘黑闼再次将失地收复，仍建都洺州城。

十一月初三，刘黑闼逼迫唐沧州刺史弃城而逃。面对咄咄逼人的劲敌，李元吉怯战而不敢进军，顿时山东形势严峻。这时东宫官员魏征、王珪见李世民战功卓著、威名远播，威胁李建成的太子地位，就劝李建成抓住这一机会，主动请战，消灭刘黑闼，巩固自己的地位，李建成依计而行。

于是，李渊在初七诏太子李建成率军东征，令山东道行军元帅、陕东道大行台、河南河北诸州全受李建成指挥，协力灭敌，并授予李建成临机决断、不用上奏之权。

二十二日，刘十善被李元吉派兵在魏州击败。刘黑闼闻听弟弟战败，率军南下增援。这时，唐朝州县自相州以北均归附了刘黑闼，只有魏州总管田留安带兵坚守抵抗。刘黑闼攻魏州，久攻不下，便带军向南攻取元城，继而又回军攻打魏州，仍不克。

十二月十一日，恒州被刘黑闼攻陷。十六日，唐幽州大总管罗艺收复定、廉二州。十七日，刘黑闼转而向魏州发起进攻，田留安奋力出击，破黑闼军，士兵将领上千人被俘。

当时，山东豪杰为了响应刘黑闼而滥杀唐官吏，吏民上下猜疑，百姓人心离怨。田留安对吏民则坦诚相待，凡有事禀告的不论亲疏，都可以直入卧室。他常对官吏百姓讲："我与诸位一起保卫国家，本应同心协力；谁要弃顺投逆，我的头就在这儿，拿去请赏吧。"有一人名苑竹林，原是刘黑闼党羽，藏有异心。田留安明知，却不说破，还把他安置在身边，叫其掌管钥匙。苑竹林感慨万分，愿以死相报。大家见田留安这样忠厚淳良，都互相约定，决不辜负田公。众志成城，魏州城才坚不可破，固若金汤。

这时，李建成、李元吉率大军来援，兵锋直指昌乐。刘黑闼引兵南下阻击，双方多次列阵相抗，但都没有发生正面冲突。

魏征向李建成献计道："过去打败刘黑闼，他的将领总是被缉拿处死，连妻子儿女都成为俘虏囚禁起来。因此齐王前来，虽然有诏书，刘黑闼党羽的罪过已经被赦免，但他们都不相信。现在应当全部放掉那些被囚禁和俘虏的人，对他们进行安慰教化，这样就可以坐看刘黑闼的势力土崩瓦解了！"太子采纳了他的意见。刘黑闼粮草全无，部卜纷纷逃跑，有一些人把自己的长官绑起来投降了唐军。

刘黑闼见人心涣散，又怕魏州城出兵和唐大军前后夹击，遂在夜间向北逃窜，李元吉、李建成率大军衔尾追到。刘黑闼令王小胡背水列阵抵挡唐军，自己不顾其余将士安危，先行逃走。将士见主帅先逃，斗志尽失，随即纷纷溃散。唐军乘势追击，不料才过千余骑，大桥忽然崩塌，阻挠了唐军进攻，刘黑闼侥幸带残骑数百逃去。

刘黑闼被唐军追赶，精疲力竭又无法休息整顿，到达饶阳，随行的仅一百多人，困顿已极。饶州刺史诸葛德威出城迎接刘黑闼，请他进城，刘黑闼尚存疑虑，不敢进城。诸葛德威垂泪坚决请求，于是刘黑闼接受了他的邀请，到城旁边馆驿中休息。诸葛德威摆下酒菜，刘黑闼还没吃完，便被诸葛德威带兵抓了起来，送到李建成处。李建成将刘黑闼和他的弟弟刘十善一起在洺州斩首。刘黑闼在临刑前叹息道："我想在家过安逸清闲的日子，却被高雅贤这些人害得落到如此境地！"

割据兖州的徐圆朗被唐将任瑰、李神通、李勣围攻，徐圆朗虽数次出战，但频频败北。刘黑闼被歼灭之后，他更处于孤立无援的困境。到武德六年（公元623年）二月间，唐军加紧攻城，城中军民争先恐后弃城降唐。徐圆朗穷途末路，于二十日带数名亲骑弃城夜逃，在途中被人杀死。至此，唐军再次平定了山东。

窦建德失败仅仅两个月，刘黑闼起兵，山东各地群起响应，夏的故地很快就得以恢复。溯其原因主要有三：一是唐平夏灭郑后控制山东的能力还很薄弱；二是窦建德的朴素作风在当地影响较深；更重要的是，唐朝错误地采取镇压政策，严厉惩治夏的故将，这不仅使得窦建德旧部产生愤怨，而且使山东人民不满。李世民再次出关镇压，虽在军事上获得胜利，但没有解决根本的问题。直到李建成领兵前往，魏征的建议被采纳，顺应了山东人民渴望生活安定、恢复生产的民心，使得刘黑闼军心瓦解，唐对这一地区的统治才变得较为稳固。

江淮烽火，江南平定

李渊建唐时，江淮地区割据一方的武装力量林立，其中主要的有：

占据海陵的李子通、占据历阳的杜伏威、占据毗陵的沈法兴、占据江都的陈棱。

杜伏威本是一支重要的隋末农民起义军，但宇文化及发动江都政变后，隋皇泰帝杨侗招安他为东道大总管，封楚王。李子通原在山东齐郡，也是隋末的一支农民起义军，后南下占据海陵。宇文化及杀炀帝后引军北上，原为隋将的陈棱被召，守卫江都。沈法兴是湖州武康人，世代为当地望族名门。在隋大业末年任职吴兴郡太守，炀帝命他镇压东阳楼世干等反隋义军。宇文化及的政变发生，他用举兵讨逆之名，招兵买马，拥精兵六万余，攻占毗陵、余杭、丹阳等十余郡，他上表皇泰帝自称大司马，录尚书事，天门公。后又以梁王自封，以毗陵为都城，改元延康，依陈旧制，建置百官。这些武装力量相互厮杀，都暗含着独占、窥伺江淮地区的野心。

武德二年（公元619年）九月，李子通在江都围攻陈棱。为了向沈法兴和杜伏威寻求援助，陈棱送人质作为抵押，沈法兴让儿子沈纶带领几万军队与杜伏威一同援陈棱。沈纶驻扎在杨子，杜伏威驻扎在清流，相隔数十里。李子通的纳言毛文深献计，让招募的江南人伪装成沈纶的士兵，乘夜色偷袭杜伏威的军营，杜伏威很气愤，也派兵袭击沈纶。二人中了离间之计，谁也不敢先进军。李子通抓住战机攻打江都，无奈之下，陈棱投奔了杜伏威。李子通进入江都，乘势挥兵大败沈纶，杜伏威也带领军队撤走。李子通建立吴国，改年号为明政，自称皇帝。丹阳盗贼首领乐伯通统领一万多人马投降了李子通，李子通封他为尚书左仆射。

面对争雄的劲敌，杜伏威派使者向唐请降，李渊为防干扰唐在北方主战场上正在进行的统一战争，便对他采取了拉拢政策，利用杜伏威牵制江淮各支军力。九月十三日，李渊封杜伏威为淮南和州总管、安抚大使。武德三年（公元620年）六月初一又升为使持节、扬州刺史、淮南安抚使、东南道行台尚书令，封吴王，赐姓李氏，总管江淮以南诸军事，并把淮南道行台左仆射的职位赐予杜伏威的副手辅公祐，封舒国公。

渡过长江的李子通攻沈法兴，夺得京口，沈法兴派部将薛元超迎战，战败被杀。沈法兴慌忙弃毗陵逃奔吴郡。于是李子通收降了丹阳、毗陵等郡。

杜伏威派行台左仆射辅公祐为主将，阚棱、王雄诞为副将带领数千士卒攻打李子通。辅公祐渡过长江攻打丹阳，李子通率数万兵马拒敌。辅公石挑选一千名精兵手持长刀作前锋，又命一千人跟随在后，对他们说："如果谁临阵脱逃，立即斩首。"自己统领其余的兵马，紧随其后。李子通列方阵前进，其前锋部队与之展开激战。辅公祐又以左右翼攻击李子通的方阵，李子通大败而逃，他追逐反吃了败仗，返回军营，坚壁不出战。王雄诞说："李子通初胜，又没有营寨壁垒，我们乘他没有防备袭击，可以打败他。"他不从。王雄诞便带领自己的数百精兵夜晚偷袭，乘风势放火，李子通大败，王雄诞收降了数千名士兵。

李子通粮草殆尽，舍江都守京口，于是江西地区全部为杜伏威所有，杜伏威迁居丹阳。李子通卷土重来，打算召余部两万人，东到太湖，突袭吴郡，大败沈法兴。只剩残余数百人的沈法兴，欲投奔割据在吴郡的另一支武装力量闻人遂安，部下叶孝辩代为迎接，但中途沈法兴反悔，想杀叶孝辩后南逃会稽，被叶孝辩察觉，惊恐之下沈法兴跳江自尽。沈法兴自武德元年（公元618年）三月起兵割据，于武德二年（公元619年）攻克毗陵称梁王后，认为夺取江、准以南地区易如反掌，于是狂妄骄横，乱施权威，将士小有过失，立即斩杀，由此将士解体，终至败亡。

击败了沈法兴后，李子通军势复振，率领群臣迁都余杭，尽占沈法兴故地：南至千岭，北至太湖，东包会稽，西达宣城。武德四年（公元621年）十一月，将领王雄诞领杜伏威之命攻打李子通。当时军事重地独松岭由李子通精兵把守。王雄诞派他的将领带一千多人高据险要之处，打出很多旗帜，夜晚将火把捆绑存于树下，李子通烧毁营寨逃走，退守杭州。王雄诞继续追讨，又在杭州城下打败了他。初七，走投无路的李子通被迫投降。杜伏威捉住李子通及其左仆射乐伯通押送长安，后来他们被高祖释放了。武德五年（公元622年）七月，李子通又想逃回江东，东山再起，当途经蓝田关时被擒获杀死。

王雄诞击灭李子通后，又将割据黟、歙两地称王十余年的汪华降服。随后，杜伏威又派王雄诞进击据守昆山的闻人遂安。昆山险隘，难以取胜，王雄诞遂单骑到该城下，陈述大唐威势，晓以祸福，说降了闻人遂安。这时，杜伏威尽有淮南、江东之地，东到海边，南至千岭，统一了江淮地区。

七月，李世民攻打徐圆朗，势如破竹，声势震动淮水、泗水地区，杜伏威恐惧，请求侍奉唐朝。李世民基本安定了淮、济两地，让淮安王李神通、李勣、行军总管任瑰攻打徐圆朗。初六，李世民班师回朝。初八，杜伏威入朝，官封太子太保，仍兼行台尚书令，留在长安，位居齐王李元吉之前，以示对他特别恩宠。阚棱被任命为左领军将军，江淮地区于是归属大唐。不料唐于武德六年（公元623年）二月平定山东半年后，江淮局势再次动荡。八月初九，留守江淮的淮南道行台仆射辅公祏起兵反唐。

起初，辅公祏与杜伏威很要好，辅公祏年纪大，杜伏威待他如兄长，军中称辅公祏为伯父，如对杜伏威一样敬畏。后来辅公祏逐渐受到猜忌，杜伏威于是任命自己的养子阚棱为左将军，王雄诞为右将军，悄悄地夺取了辅公祏的兵权。辅公祏知道后，非常生气。杜伏威入朝，留辅公祏守卫丹阳，王雄诞被任命为辅公祏的副手。杜伏威私下对王雄诞说："我到了长安，如果安然无恙，千万不要让公祏生出变故。"杜伏威走后，左游仙劝辅公祏反叛，但兵权在王雄诞手中，辅公祏无法起兵。于是他谎称收到杜伏威的来信，说王雄诞别有用心，王雄诞听后很不高兴，称病不出门，辅公祏趁机夺了兵权，将反叛的计划通过党羽告诉王雄诞。王雄诞才醒悟，说道："现在天下刚刚平定，吴王又在京师长安，大唐军队威力，所向披靡，为何无故自取灭族之祸？我王雄诞唯有一死，断难从命。现在跟着您倒行逆施，也不过是延长一百天的性命罢了，难道因不舍片刻之死而陷自己于不义？"辅公祏知道不能说服他，于是处死了王雄诞。王雄诞体恤部下，士兵也唯命是从，而且纪律严明，每次攻取城镇，从不侵扰百姓，江南军中的将士和民间百姓都为他的死失声痛哭。

辅公祏宣称杜伏威被唐囚禁，不能回江南，寄书叫他起兵相救，于是大兴兵戈。不久，他在丹阳称帝，国号宋，任命百官；并联合原唐洪州总管张善安。张善安本兖州人，起兵于隋末，初转战淮南，后渡江占据洪州等地。武德五年（公元622年）二月，他举五州降唐，官居洪州总管。但武德六年（公元623年）三月，他又谋反，辅公祏起兵后，二人联手，被辅公祏任命为西南道大行台。这样，与唐为敌的一支割据势力在江淮地区重又崛起。

李渊接报后，下诏命襄州道行台仆射赵郡王李孝恭率水军开赴江州，岭南道大使李靖带广、交、泉、桂等州兵力开赴宣州，怀州总管黄君汉取道谯州、亳州，齐州总管李勣取道淮水、泗水，讨伐辅公祏。李孝恭出发前和众将士饯行，命人取水，突然水变成血，举座吓得变了脸色，李孝恭却面不改色地说道："这是辅公祏灭亡的征兆！"说罢一饮而尽，众将疑云也顿时消散。

九月，辅公祏派部将徐绍宗攻海州，陈正通攻寿阳。十一月，唐黄州总管周法明率兵进击辅公祏，张善安则在夏口进行阻挡，周法明不得不屯军荆州镇。初十这天，周法明登舰饮酒，毫无防备，被张善安派来假扮成渔夫的刺客杀死。十二日，唐舒州总管张镇周在猷州黄沙大败辅公祏部将陈当世。

十二月初二，唐安抚使李大亮捉住了张善安。李大亮在洪州攻打张善安，与张善安隔水列阵，遥相对峙。李大亮向张善安施展攻心战，张善安说："善安最初没有反叛之意，是部下逼反的，打算投降又担心被治罪。"李大亮说："张总管有投降之心，咱们就是一家人。"于是骑马渡过河一个人进入张善安的阵地，和张善安拉着手交谈，以示真诚。张善安十分喜悦，于是答应投降。不久张善安带领几十名骑兵回访李大亮，李大亮让随行的骑兵停在营门之外，只让他一人进见。过了很长时间，张善安告辞，被李大亮捕捉，张善安随行的骑兵全部逃走。张善安的军队闻讯，异常愤怒，全部出动，誓要与李大亮决战。李大亮派人对他们说："不是我留住张总管，是总管效忠朝廷，对我说：'如果返回营地，恐怕会遭将士钳制。'因此自己留下来不走，你们为什么跟我生气呢？"张善安的部下又大声责骂道："张总管出卖我们，自己去讨好别人。"于是纷纷离他而去，李大亮出兵俘虏了许多人。张善安被李大亮押到长安，张善安声称自己没有同辅公祏来往，高

第五章 扫平敌手，一统天下

祖赦免了他的罪过，以礼相待。待到辅公祏失败后，高祖得到了证据，便将张善安杀死。

武德七年（公元624年）春，唐兵力集中对付辅公祏。李孝恭在枞阳先击败了辅公祏的一支偏师，东进攻克了鹊头镇。随后，辅公祏在芜湖大败，唐军拔梁山等三镇，矛头直指丹阳。唐安抚使李大亮率另一支军队也大败辅公祏。辅公祏派军攻猷州，想从侧面牵制唐军进攻，但唐刺史固守婴城，难以攻破。这时，唐援兵赶到，不仅解了该城之围，而且攻克了辅公祏的四镇。

面对唐军的步步逼近，辅公祏令陈正通、徐绍宗率步骑三万屯驻青林山，派部将冯慧亮、陈当世率水师三万屯驻博望山，并在与博望山隔江相对的梁山拉起拦江铁索封锁江面，还修建了月牙形城墙，连绵十余里，又在长江西岸设置相接的壁垒，形成连环之势。冯慧亮、陈正通所率的两支部队互成掎角之势，横断长江护卫丹阳的防线正式形成。

这时，李靖、李孝恭率水军到达舒州，李勣率步兵一万渡过淮河，夺取寿阳，进驻硖石，对丹阳形成西、北两面夹攻之势。大敌当前，冯慧亮等将领坚守不战，李孝恭也不从正面硬冲，而暗派一支奇兵将宋军粮道切断。不久，宋军发生粮荒，冯慧亮等无法再长期固守，只得改变战术，夜袭唐营。但李孝恭临变不乱，唐营无懈可击，宋军无功而返。

为了打破双方对峙的僵局，李孝恭召集众将商议作战方案。各位将领都说："冯慧亮拥重兵，占据险要地势，我军进攻不能马上奏效，不如直接进逼丹阳，对辅公祏的老巢进行奇袭。丹阳溃败后，冯慧亮等人自然就会投降！"李孝恭打算这样做，李靖说："辅公祏的精锐虽然在这里有水陆两支军队，但他自己的军马也不少，现在尚且不能攻克博望的各个敌营，辅公祏凭借石头城自保，又怎会是容易攻克的！进军攻打丹阳，久攻不下，冯慧亮等人紧随于我军背后，我军腹背受敌，这是很危险的。冯慧亮、陈正通都是经验丰富的老将，并非他们害怕作战，而是因为辅公祏定下计谋让他们不动兵，打算以此拖垮我军罢了。我们现在主动挑战攻城，即可一举成功！"李孝恭仔细琢磨，最终采纳了李靖的作战策略。于是组织老弱残兵作为前锋，佯攻宋军大营，而将精兵隐藏在后面，结阵以待。前锋军和宋军刚一接战就败下阵来，宋军浑然不知，加以粮尽又急于决战，便尾追不舍。但追赶数里后，中了唐军精锐部队的埋伏。一场激战，宋军伤亡惨重。杜伏威的养子阚棱也随唐军南征，这时在阵前突然出现，他脱下头盔对宋军将士喊道："你们难道不认识我了吗，还敢和我作战？"宋军中将士多是阚棱的旧部下，一见阚棱都无心再战，纷纷伏身投降。李孝恭、李靖抓住宋军混乱溃散的战机，乘胜率大军追击猛攻，转战百余里，连克宋军青林山、博望山两个战略要地。冯慧亮、陈正通等弃城而逃，将士伤亡达万余人，整个防线被击垮了。

李靖率军直抵丹阳，辅公祏大为惊慌，放弃丹阳城，带着兵马逃跑了，打算到会稽投靠左游仙。李勣在后面追击他，追至句容，辅公祏只有五百随从跟随。夜晚，在常州宿营，将领谋划要把他逮起来，被辅公祏觉察，他丢下妻儿，带若干心腹破关西逃，最后在武康遭到地方武装力量的攻击被俘。三月二十六日，丹阳被李孝恭占领。随后，辅公祏也被枭首示众，不投降的辅公祏余党也被李孝恭一一击破。

二十九日，李孝恭被任命为东南道行台右仆射，李靖为行台兵部尚书。不久，东南道行台被撤销，李孝恭为扬州大都督，李靖为大都督府长史。高祖很钦佩李靖，说道："李靖是辅公祏、萧铣的克星。"

杜伏威早在同年二月已于长安暴卒，原因是他修炼长生之术，服食云母粉中毒。但由于辅公祏曾假借杜伏威的名声动员部众反唐，李孝恭平定江淮后，不知道其中的状况，随即上奏朝廷。李渊大怒，将杜伏威的官爵削除，将其妻子处死，家产全部没收充公。直到李世民当上皇帝，这一冤案才得以昭雪。

　　原杜伏威部将阚棱跟随李孝恭平定江淮，在破辅公祏战役中立功居多，颇有些洋洋自得之色，引起李孝恭的不满。加上李孝恭没收辅公祏及其部将家产时，连本不应该没收的阚棱及杜伏威、王雄诞在江淮的田宅也包括在内，阚棱认为不妥，找李孝恭当面辩理。正在气愤之余的李孝恭就利用辅公祏临死时曾诬陷阚棱和自己暗中勾结，以谋反的罪名将阚棱杀了。

　　唐消灭了辅公祏，江淮再次平定，不仅稳定了对江南的统治，也是唐统一全国的战役胜利完成的标志。

谋定中原

唐朝开国奇谋

第六章
兄弟夺位，智者无敌

　　皇位继承在古代社会一直是斗争的焦点，李世民也不例外。在皇权至上的时代中，李世民始终明白：这是一场你死我活的斗争，不想坐以待毙，就必须先发制人。

引诱诋毁，收买人心

唐朝江山稳定之后，东宫的谋臣们对于李世民手下人才济济的现状很担忧。徐师谟便对李建成说："古往今来，成大事者，都需要有英雄相辅佐。现在秦王府中，谋臣武将济济一堂，时间久了，一定会对我们东宫造成威胁的。"

李建成说："对于秦王不断笼络人心的做法，我也非常不满意，但是又没有办法。"

徐师谟说："其实说穿了，这些人去投奔秦王，不也是为了富贵荣华吗？我想，只要我们舍得金银相赠，一定可以将他们拉拢过来，为我们所用。"

李建成对于这个建议没有信心，他说："这些人，有一些是在战场上降服的俘虏，有一些是投诚的士族，金钱能收买得了他们吗？"

徐师谟胸有成竹地说："能够降服和被收编的人，都是贪生怕死之人。这种人其实最易被利益所引诱。只要太子愿意，不说别人，尉迟恭这个人，我就可以先将他拉拢过来。"

对于徐师谟的这种说法，谋臣魏征有点保留。他本来是李密的旧部下，李密死后便在李建成府中做了幕僚，他所求的便不是富贵，因此便对徐师谟说："富贵荣华，对于求它的人很有用，对于不求它的人，就没有丝毫吸引。秦王府中的那些人，既然称得上是才俊，就不会为了一斗黄金而折腰。我听说尉迟恭是一个勇士，他绝对不是你所说的那种人。"

徐师谟不屑地看了魏征一眼，说："尉迟恭本来是刘武周的部下，唐军讨伐的时候，他曾经杀过我数员大将。为此，皇上曾经决意要杀他，只是因为秦王的劝阻，才留下了他。从刘武周兵败到投诚秦王府，他求的难道不就是保命吗？在保命之后，自然就是求富贵了。这种没有节气的人，怎么不会被利益引诱？"

魏征还想再说什么，但李建成伸手示意他们停止争论，然后对徐师谟说："多说无益。不管你用什么办法，只要你能将尉迟恭拉拢过来，我就为你记功一次。"

徐师谟自信地说："属下一定不辱使命。"

没过几天，徐师谟写了一封信，暗中派人送给了尉迟恭。

尉迟恭看到是东宫的人送信给自己，非常疑惑，打开一看，原来是太子建成对他示好，多番赞誉之后，谦恭地说希望可以结交。尉迟恭合上信，坚决地对送信的人说："我出身低贱，又是降将，秦王一直对我以礼相待，我此生所能做的便是效忠秦王，不会再有第二个主公，所以我不能和太子结交，也不会背叛秦王。"

送信人却说："将军先不要急着回绝，这辆车上还有太子送您的礼物，您看一看再说吧。"说着，一把拉开车上的帘子，原来马车中装满了金银器具。

谁知道尉迟恭却冷笑了一声，说："大丈夫如果被这些东西收买，又怎么能算是英雄呢？我的心意是不会变的，你去回复太子便是了。"

信使灰溜溜地回到东宫回话，不仅徐师谟大吃一惊，李建成听尉迟恭如此坚决地回绝了自己，也非常愤怒。而在听到尉迟恭的汇报之后，李世民却笑着说："你又何必这么急着回绝呢？一车金银可是值不少钱的，为什么不收下它再回复？"

尉迟恭耿直地说："我当然知道那一车金银是什么意思，如果我收下了，岂不是表示愿意投奔东宫吗？那就是对您的背叛，我尉迟敬德是不会做这种事的。"

李世民拍了拍他的肩膀，笑着说："你要是真收下礼物投奔东宫，这还是好事！"看到尉迟恭一副疑惑不解的样子，他说，"你可以乘机帮我们探听一下，太子和齐王都在谋划些什么事情！"

众人听了李世民的解释，都忍不住笑了出来，开玩笑地对尉迟恭说："对啊，尉迟兄只需要身在东宫、心在我秦王府就可以了。还能收获不少财宝，何乐而不为？"

尉迟恭正色道："我一生都要求自己光明磊落，这种事情我可做不来。"

李世民凝住笑意，严肃地说："其实，我并不担心太子。我只是怕太子利诱你不成，会恼羞成怒，对你不利！"

尉迟恭笑了笑说："我这条命是从战场上捡回来的，太子想拿也不是那么容易的事。"

不出李世民所料，李建成和徐师谟在被尉迟恭拒绝之后，果然恼羞成怒，派出刺客打算暗中刺杀尉迟恭，以雪此耻。

刺客鬼鬼祟祟地来到尉迟恭的家，发现几重院落中，院门全都敞开着，并没有一个人进出走动。当他悄悄摸到尉迟恭的房间外，却看到尉迟恭的卧房也是房门大开，探头一看，尉迟恭正坐在油灯下面读书。

刺客心里疑惑：为什么这府上没有一个人，却还要敞着门，深更半夜只有尉迟恭坐在这里看书呢？难道他知道我今晚要来行刺，所以早有埋伏？正思索间，忽然听到尉迟恭朗声道："客人既然来了，为什么不进来坐？"

一听这话，原本疑惑、紧张的刺客被吓得魂飞魄散，飞奔而逃。

东宫里，徐师谟将行刺的过程汇报给李建成，自己也惭愧不已："想不到尉迟恭算好了我们会去行刺，所以早有准备，居然没能成功。"

两人正在商议，忽然有人禀告：齐王李元吉来访。李建成便将这件事告诉李元吉，李元吉一听，哈哈大笑道："对秦王府中的一个小小将官，太子却要动用这么多心思，真的是太浪费了！"

李建成见他这么说，便知道他已经有了办法，问："那四弟有什么好办法，替为兄出这口恶气？"

李元吉说："要想给尉迟恭治罪，其实非常简单。他本来就是降将，父皇又一直对他心存芥蒂。我们完全可以借刀杀人，不用自己动手。"

李建成和徐师谟一听，问："怎么个借刀杀人之法？"

李元吉故作神秘地说："你们就不用问了，交给我吧！我一定会让太子殿下满意的！"

第二天，李渊临朝问政后，众臣正打算退朝，齐王李元吉忽然站出来说："臣有本奏。"

李渊问："齐王有何事？"

李元吉说："臣今日接到密报，说是有人正在密谋造反。"

李渊大吃一惊，忙问："何人如此大胆？"

李元吉说："这个人现在就藏匿在秦王府中，正是尉迟恭！"

众臣闻言，都疑惑地看看齐王，又看看秦王。李世民对于这种诬陷

第六章

兄弟夺位，智者无敌

无比气愤，但是他努力压住胸中怒火，问李元吉："齐王说我府中部将要造反，可有证据？"

李元吉冲李世民笑了笑，故作轻松地说："秦王不用着急，我相信这些事恐怕你都不知道，我接到密报，说尉迟恭在长安城外密结了一群凶徒，企图在皇上出城游猎的时候刺杀皇上。"

李世民说："尉迟恭为人耿直忠诚，他绝不会做出这样的事情。"

听到齐王的奏报之后，本来满腹怒火的李渊，看到两个儿子在朝堂上开始争论，便打断他们说："这件事就交给刑部去查一查吧。"

李世民知道，刑部侍郎崔久是东宫李建成的心腹，一旦把尉迟恭羁押到了刑部，就算没有罪也得掉层皮。所以，当刑部派人拘押尉迟恭时，李世民便强势将其遣回，自己来到皇宫拜见李渊，向其细说究竟，希望可以为尉迟恭洗去诬告的罪名。

李渊对李世民的求情非常不满，他说："如果一般的贪污、盗窃罪名，也就罢了。他现在是要谋害朕，难道你要看着他刺杀你的父亲而无动于衷吗？"

李世民跪在地上恳求道："尉迟恭忠心耿耿，一直都跟随在我的左右，他的为人我最了解，这种事情是不可能发生的。"

李渊冷漠地说："但是这种事一旦发生，就晚了！"

见李渊不肯恕罪，李世民只得咬牙道："皇上既然愿意听信齐王的一面之词，尉迟恭本是我的部下，他要谋反，我也应该连坐，就请皇上连我一起杀了吧！"

此言一出，四座皆惊。裴寂等人忙上前劝阻："秦王不可意气用事，这种话可不能轻易出口！"

李渊看李世民如此坚决地维护尉迟恭，而齐王李元吉又拿不出尉迟恭企图谋杀皇上的证据，只好放了尉迟恭，嘱咐李世民一定要管好自己的手下，不许再出现类似的情况。

这次争斗让秦王府对东宫的戒备心更加强烈，因为他们知道，李建成不会就此罢休，也许更猛烈的暴风雨很快就来了。

一时不察，被剪羽翼

武德四年（公元621年），在李世民以右领军大都督的身份，率领着唐朝大军一举歼灭了夏王窦建德、郑王王世充之后，东都洛阳终于归入了大唐的版图，李世民也因此声名大振。为了表彰他杰出的贡献，李渊任命他为天策上将，掌握东都洛阳，并准许在洛阳开府，自置官属。李世民顺势便在洛阳建立了自己的势力集团——天策府。在天策府中，李世民安置着自己所笼络到的大批人才，不管谋臣还是武将，都是万里挑一的。

天策府的成立让太子李建成极为不满，这个自成一派的机构不属于皇权的管制范围，和东宫赫然对立。李世民在这个机构中发展自己的势力，对于东宫来说，是一个危险的信号。李建成知道，一旦天策府的力量爆发出来，便是对东宫的极大威胁。

这一天，李世民按照往常来到朝堂上和众臣议事，但是李渊却颁布了一条让他吃惊的任命：任命段志玄为石州刺史，任命程知节为康州刺史！

李世民对此毫无准备，吃惊之余还没来得及询问究竟，李渊便已经退朝了。回头一看，太子李建成和齐王李元吉正在得意地看着自己，李世民的心里便明白了：这一定是他们俩搞的鬼！他来到后宫，求见李渊，而李渊却说："现在石州、康州两个地方，都需要派放心的人去管理，我看段志玄和程知节两个人跟着你打了不少胜仗，很有才能，应该可以胜任。"

李世民说："段志玄和程知节都是儿臣的属下，可是这件事儿臣之前并不知晓……"

话还没说完，李渊便冷冷地说："你这是在责怪我没有事先和你商量吗？"

随侍在侧的尹德妃也说："皇上对两位将军的任命，是因为信任他们，难道秦王觉得这两个人不值得信任？他们可都是你的人！"

按照古制，在和朝臣议事的时候，嫔妃是不能插嘴的，但是这一次尹德妃却堂而皇之地教训起了李世民，而李渊在边上丝毫不去理会。李世民心想：看来这件事，尹德妃也参与了，不然父皇不会对她如此放任的。可是李渊既然已经说出了这样的话，他又能说什么呢？他只好谦恭地说："儿臣不敢，我只是想这二人是武将出身，对于地方管理并不熟知，恐怕会辜负父皇对他们的一片信任。"

李渊摆摆手说："没关系，学一学就会了，要是没有别的事，你便退下吧。"

李世民知道，李渊是不会跟自己再多说了，而本来想挽留住这两人的想法也不敢再提，因为他知道答案只能是否定的。

退出皇宫之后，李世民和段志玄、程知节相对而坐，杜如晦、房玄龄等陪侍在边上，看着秦王郁郁地饮着闷酒。房玄龄说："看来这一次是太子向皇上建议，而尹德妃在边上煽风点火，才让程知节和段志玄两位将军被外派的。"

段志玄将杯中的酒一饮而尽，豪爽地说："此前太子曾经派人送我金银，被我拒收之后，我就知道他还会有其他招数。没想到却是要将我等外派，看来他是不希望我们待在长安。"

杜如晦说："现在大家都知道天策府中的人是秦王的得力助手，太子也一定是看到这一点，先是利诱，不成之后便是削减。外派到石州、康州等偏远的地方，一旦有什么事情发生，也帮不上忙。这就好比是将一只鸟儿身上的羽毛一根根拔掉，直到它不能再飞啊！"

大家都点点头，对杜如晦的分析表示赞同。李世民却说："如果这只鸟儿要一飞冲天，就要靠丰满的羽毛。现在他们要拔掉它的羽翼，就形同杀死这只鸟儿一样！"

程知节粗着嗓门大声说："我等都是跟着秦王从战场上杀回来的，要我死并不难，可是要我这样憋屈地活着，实在遭罪。秦王，您要趁早打算！"

杜如晦等人也都看着李世民，希望他能对这个问题给出一个明确的答案。但是李世民却摇摇头，说："不是时候，现在还不是最佳的时机。"

程知节和段志玄走了，天策府里一下子就少了两员猛将。但李建成削减李世民的计划却并没有到此止步。不久，北方突厥又一次进犯边关，李渊派了李元吉出兵剿灭。

李元吉领命后，对李渊说："儿臣此次出兵，对于扫平突厥非常有信心。但是，希望可以有几员猛将跟随，与我一同出征，定能凯旋。"

李渊说："你想要谁跟你一起出战，朝中的将领尽管挑选。"

李元吉说："我大唐朝中武将人才济济，但尤其以尉迟恭、秦叔宝等人最为出众，不管是兵法谋略还是行军布阵，他们都是佼佼者。而且他们曾经跟随秦王和突厥有过一战，这一次如果能得两位将军相助，我想一定可以马到成功。"

李渊无所谓地笑了笑说："两位将军是否愿意跟随齐王一同出兵，扫平突厥？"

秦叔宝、尉迟恭无奈地看了看秦王，李世民也无奈地看看他们。

两人只好跪谢皇恩，跟随李元吉出兵北征。

退朝回到秦王府，杜如晦和房玄龄等都非常气愤："齐王手下也有不少能征善战的，但是他这次不带自己的人出兵，却非得带着秦叔宝和尉迟恭，这分明是想夺我们秦王府的人！"

李世民无奈地说："在朝堂之上，皇上钦点的将领，只能让他们随军出征了。"

房玄龄说："齐王主动提出的请求，又是在情理之中，皇上肯定会答应的。但是，从这件事看得出来，太子和齐王并没有放松对于秦王府的削减，他们还在逐步对我们下手啊！"

杜如晦说："是啊，这一次已经发生了，我们毫无办法。那我们能做的只能是防备他们下一步了，谁会是他们下一步要对付的人呢？"

房玄龄说："不管是谁，肯定是我们秦王府的人。所以，最重要还是秦王您要想好，究竟该怎么办！"

李世民走到窗前，看着院子里灼灼盛开的桃花，想起曾经和几个兄弟在桃花树下的追逐玩闹，如今，那些岁月早就远去了。他凝神想了想，说："我只希望太子不要太过分，秦王府并不是俎上之肉，不会任他宰割！"

杜如晦预测的并没有错，东宫对于秦王府的削弱计划并没有停止，而且下一个要下手的目标，正是杜如晦。

秦叔宝等出兵没有几天，刑部侍郎又对李渊上奏：现在刑部事多人少，大家都忙不过来了，亟需一些有才能的人充实其中，才能满足处理事务的需求。李渊凝神想了想，说："现在各个部门的人都很紧张，连替补的官员也都上任了，一时间找不到合适的人，我看就再等等吧。"

这时，太子李建成忽然站出来，对李渊说："现在秦王府人才众多，而且多是闲职，不如就调几个人去刑部做事，岂不是很好？"

李渊说："这样也好，不知道秦王意下如何？"

李世民还来不及接话，李建成便说："秦王一向心怀天下，现在是为国尽忠的时候，既然都是为了皇上效忠，贡献几个人出来又有什么呢？我看你府中的杜如晦足智多谋，是个有才能的人，不如就调他到刑部去吧。"

对于这种以皇命为由的压力，李世民并不理会，他说："我府中的人现在也非常紧缺，我正想着要搜罗一些有用的人。杜如晦在我府中一直做府属，大小事务都要经由他手，公务繁忙，恐怕一时间脱不开身啊！"

被李世民公然拒绝，李建成觉得非常没面子，怪腔怪调地说："秦王这么舍不得，难道是留着杜如晦另有谋划？"

李世民却淡然地笑着说："为国尽忠，我当然是万死不辞。不过杜如晦这个人，又粗心，又愚钝。上一次，有传言说打了张婕好的父亲，可见他是个莽撞的人，将这样的人交给刑部公用，我也怕丢了我秦王府的面子。"

两个人唇枪舌剑，你来我往。这一次，李世民坚决不让步，李建成

第六章 兄弟夺位，智者无敌

有点气急败坏。看着两人斗来斗去，李渊摆摆手，疲惫地说："那就先随便找一个人出来顶这个缺吧！"

在李世民的一再坚持下，杜如晦终于得以继续留在秦王府中。对李世民来说，房玄龄和杜知晦如同自己的左膀右臂，如果按照李建成的意思，将他们都逐一调离，那么剩下来一个孤零零的自己，又能做出什么大事来？因此，这个提议遭到了李世民的坚决反对，哪怕因此让李渊不快。

李建成的目的很明显，就是要分解李世民的智囊团，以削弱李世民。李世民并没有坐以待毙，他维护了自己的利益，逐渐和东宫的对立明朗化，开始寻找机会主动出击，而不再是被动地反击了。秦王岂是池中之物，他一直按兵不动，并不是对太子的恭敬顺从，而是在等待最佳的出手机会。

居心叵测，制造意外

李渊出身贵族世家，亲身经历隋朝权力斗争引起的兄弟相残事件，作为唐朝的开国君主，在年轻的时候他并未想过这样的事情会发生在自己的身上，然而命运的变迁却将他推到了一国之君的位置上，他知道自己也必然要面对这样的权力纷争。宅心仁厚也许算是李渊的一大优点，却也算是一大缺点，因为这一特点，他不愿意看到流血，而一味想要抹杀矛盾，企图保持片刻的平和。孰料这样的处理方式，只会让矛盾更加恶化。

在李渊的刻意经营下，兄弟之间在很长一段时间都保持着表面的客气与谦和。对于这一结果，李渊还是非常满意的，于是，他便提议带着几个儿子和满朝文武一起出城围猎。

李渊带着群臣和三个儿子来到长安城外的山中围场，李建成忽然牵了几匹马过来，对李渊说："这是大宛进贡的名马，日行千里，而且善于奔跑，儿臣不敢专美，想将这几匹贡献给父皇和两位兄弟。"

李渊见太子这么宽厚，与兄弟之间又这么和睦，心里非常高兴，便对李世民和李元吉说："太子得了好马，都想着和你兄弟二人分享，今后你们更要和睦相处，才能回报太子的一番心意。"

李世民和李元吉忙谢过，李建成笑着说："这两匹马，红马矫捷稳健，正适合二弟；黑马温驯善驰，送给四弟再合适不过了。"

李世民上前牵住那匹不断喷气的红马，对李建成笑着说："你说得对，这匹马看上去脾气暴躁一些，不如黑马温驯，不过倒是我喜欢的。"

李建成说："我正是看着二弟的性子选的马，当然要让二弟喜欢。既然这样，不如我们兄弟来一场围猎比赛，看谁收获最多？"

听了这个提议，李渊和裴寂等众大臣都表示支持，让三个王子在一炷香的时间内，看看谁能射获最多的猎物。李建成、李世民和李元吉领命后，分别上马，向山林奔驰而去。

李世民对于太子当众献马的举动非常不理解。如果是真心想送马，那就该在出发前相送，也好让他选择合适的马鞍匹配，顺便摸熟马的脾气。但是太子却临阵献马，而且当着李渊的面，让他无法拒绝，不知道太子的葫芦里卖的什么药。

不过，当李世民带着疑惑向山林奔去的时候，这个问题逐渐有了答案。这匹红马果然性烈，奔跑起来完全没有章法，虽然速度也很快，但总在树林中乱窜，李世民根本难以控制，还几度想将他摔下马背。没骑出几里地，李世民便发觉这是一匹还未完全驯化的烈马，李建成将他赠予自己，其心难测。

虽然李世民本来就是一名好骑手，一路上双腿夹紧，避免从马上摔下来，可还是抵不过大宛马暴烈的性子，在山道上被掀下马背。跟随在他身后的宇文士及急忙策马追上来，扶起李世民问道："秦王，您没事吧？"

李世民拍拍身上的土，笑着说："这匹马性子烈了一些，我没事。"

宇文士及忙说："既然马性不熟，不如换一匹温驯的，不要伤着秦王。"

可是，李世民却坚持说："没关系，今天我一定要驯服了它！"

还来不及再劝，李世民已经一跃而上，又跳到马背上。宇文士及不明白这马既然这么难骑，秦王为什么还要再去骑？难道真的这么想驯服这匹烈马？

宇文士及带着随侍一路狂奔追赶，再次赶上李世民的时候，发现他正躺在一棵树下，大口喘气，上前一看，李世民的脸上已经有了擦伤。宇文士及大吃一惊，上前扶起李世民说："秦王何必一定要驯服这匹野马？还是保重您的身体重要！"

李世民无所谓地抹去脸上的血迹，说："这匹野马倒是没有理由来伤我，只是有人想借它来达到伤我的目的！不过我相信死生有命，既然上天不让我在这个时候死，一匹马又能奈我何！"

宇文士及听出了李世民的意思，忙看看左右，低声对李世民说：

"秦王切不可随便说话，以免引人猜忌。"

李世民豪爽地哈哈一笑，说："我现在都快到生死的边缘了，要是他们想猜忌我，不管我做什么都会被找到理由的。"

策马回营之后，李建成和李元吉收获丰厚，唯独李世民不仅没有收获，脸上还带伤。这让李渊非常吃惊——原本善猎的秦王，怎么会败了呢？李世民只是笑着看看太子，对李渊说："儿臣疏于操练，骑术不精，所以未能为皇上斩获猎物，请恕罪。"

李渊看他带伤，也不加责怪，只是让他快点回去疗伤休息。

然而，李世民刚回到营帐，便听到传令，要他速去见皇上。带着满腹疑问的李世民刚步入李渊大帐，便感觉到气氛与刚才大相径庭——刚才还关心地问伤情的李渊，此刻忽然冷霜满面。裴寂、宇文士及等人随侍在他的身边，也都噤若寒蝉，而太子和齐王站立两侧，脸上流露出一丝得意的神色。

不明就里的李世民还未来得及开口，李渊便厉声道："好大胆的逆子，你认为你是什么人？"

这句话让李世民更加摸不着头脑，他探询地朝宇文士及看去。宇文士及只是轻轻摇摇头，并不敢多做暗示。

李渊接着说："你今天落马，完全是自己骑术生疏，为什么要诬陷有人要谋害你？"

听他这么一说，李世民心中顿时明白了，一定是有奸人进了谗言，将自己在山林中所说的话添油加醋转述给了皇上，才惹得李渊如此生气。

李世民忙跪在地上欲解释，李渊却不给他说话的机会，冷笑着说："有人告诉朕，说你觉得自己有天命，早晚会成为天下之主，所以不会

第六章 兄弟夺位，智者无敌

那么轻易被害。你说你有天命，所以区区一匹烈马害不了你，那么，秦王的天命自何处而来？"

这一问，让李世民真正明白了事情的严重性。告密之人不仅仅是转述他的话那么简单，更将他引入了大逆不道的境地。李世民忙否认说："儿臣并没有说过这种话，宇文士及可以为我作证！"

宇文士及也忙跪在地上说："秦王被摔伤以后，只是说烈马难驯，并没有说其他的话。"可是，此时李渊已经听不进任何辩解，不管李世民如何叩头谢罪，都无法换取他的谅解，只是冷冷地让人将李世民羁押起来，等回到长安再说。

原本欢欢喜喜地出来打猎，却突然天降横祸。李世民在营帐中对侯君集说："我本来以为可以和大家和睦相处了，谁知道他们害我之心不死，只要我有一丝疏于防范，便会落进他们的圈套。"

侯君集说："这次随行的人都是亲信，但没想到还是有人告密。看来我们身边已经被安插了不少东宫的人，秦王以后一定要多加小心。"

李世民点点头，说："我的处境，已经不能有任何松懈。这次被谋反罪名陷害，回到长安之后不知道皇上会怎么处置我。难道我就要止于此吗？"

在这场精心谋划的局里，李世民逃脱了烈马谋害的一环，却没有逃脱谗言的中伤，因为大意，他授人以柄。谋逆的罪名是最难洗刷的，而且其他人也担心被视为同党，所以不敢说情。作为当权者的李渊也最忌讳出现这一迹象，李世民无疑是撞到了他的枪口上……

正当李世民和天策府的谋臣们一筹莫展的时候，边关却忽然传来突厥来犯的消息。突厥颉利可汗与突利可汗联手，以前所未有的规模接连进攻唐朝朔州、原州、并州、齐州和绥州等地，严重威胁唐的统治。李渊从朝堂之上遍选能人，发现还是派秦王出征的胜算更大一些，这一飞来横祸让原本陷入困境的李世民得到了释罪的机会，李渊命他和齐王李元吉一同率军对付突厥，戴罪立功。

李世民飞马来到边关，经过艰难的抵御才将突厥击退，并与颉利可汗结盟立誓。班师回朝之日，李渊只好不再提围猎谋反的事，将这一不快用李世民的军功做了抵消。

围猎事件所反映出的问题，是李世民一直没有警觉到的。他以为至少在自己身边的人还是安全的，可是在烈马不能伤到他的时候，却因为谗言而被中伤。这说明，即便是秦王身边的亲随也已经有人被太子收买，成为安插在李世民身边的奸细。事态发展到如此严重的地步，李世民认识到再不步步为营，估计自己就没有翻身的机会了，毕竟希望不能寄托在突厥来犯这种突发事件上。

盈盈笑意，杀机浮现

在唐平定了四方之后，一直不能彻底铲除的隐患便是突厥。从始毕可汗一直到他的继承人颉利可汗与突利可汗，虽然一直都和唐建立盟约，却屡屡到边关来犯，虽然不至于形成巨大威胁，但也让边防不宁。在一定意义上，李世民应该感谢突厥的不断骚扰，因为在和突厥的打打和和之中，他的军事才干才能被重视，成为与太子博弈过程中的砝码。

对于秦王和太子不和的现状，李渊作为父亲，总是采取息事宁人的态度，岂料越是这样，矛盾越是尖锐。太子不能容忍李世民的不断壮大，而李世民的野心也在一步步扩大。在经历过一段时间的酝酿之后，这种矛盾必然要像井喷一样爆发出来。

武德八年（公元625年），为了边关和平，李渊答应了西突厥的请求，进行了和亲。同时在与东突厥的战争中，李道宗和王君廓等人都取得了良好的战绩，终于让唐获得了短暂的休息。虽然边关烽火稍熄，而朝堂之上的"战争"却愈演愈烈。

齐王李元吉在一次朝会上，首先向秦王李世民发难，向李渊揭发秦王府的车骑将军张亮在洛阳图谋不轨，声称张亮在洛阳招兵买马，铸造兵器，有不臣之心。

李渊一听大怒，忙诏令张亮从洛阳赶到长安，问个究竟。洛阳本来是李渊分封给李世民的根据地，准许他在当地自置官属，现在李元吉说张亮在洛阳谋反，杜如晦、房玄龄等人都极力建议张亮赶紧到长安请罪。李世民说："齐王居心叵测，现在让张将军来长安请罪，恐怕是有来无回。"

房玄龄说："当前的形势，皇上因为齐王的谗言而大怒，不管是不是事实都会因此而猜忌您。谋反不同于其他罪名，是不能轻视的。如果张亮不来长安，势必成为齐王造谣的证据，皇上也会深信不疑。来了长安之后，只要他咬定并无此事，也许还能保得平安。"

张亮在洛阳招兵以及铸造兵器的行为，其实都是李世民授意的，之所以这么做，是因为李世民希望在洛阳培养自己的势力，以防不测。因为有李渊的准许，这些行为都属于合法的范畴，但现在李元吉以张亮作为突破口，直指张亮别有用心，手法可谓低劣。但因李渊极其忌讳地方拥兵自重，所以产生了让太子和齐王都非常满意的效果。

在房玄龄的坚持之下，张亮领命来到长安，被刑部严刑逼供。他在李世民的授意下，一口咬定自己没有私自招兵，只是常规的将士调配而已。李世民同时也在李渊面前为他求情，终于因为没有其他证据，只好放了张亮，李元吉的计划又一次落空。

计划一再不能得逞，让太子非常着急，他眼看着李世民一次又一次逃脱，深知自己再等待下去，机会只会越来越渺茫。谋臣们为他出谋划策，徐师谟等人终于拿出了撒手锏："既然借刀杀人不能得逞，那么看来只有我们自己下手了！"

李建成问："难道自己下手杀了秦王？这么做岂不是太明显了？皇上是要怪罪的。"

赵弘智说："现在秦王的天策府越来越壮大，太子要想彻底铲除这个隐患，只有冒险一拼了！"

太子幕府魏征也站出来支持这一计划，他说："自古以来的权力斗争，从来就没有不流血的。既然您已经下定决心要铲除秦王，而秦王一再逃脱，这么继续下去，只有打草惊蛇，让秦王越来越防备，我们的机会就越来越少。倒不如一次制敌，来个速战速决。到时候木已成舟，皇上就算怪罪下来，也拿太子没有办法。"

在众臣的建议下，李建成终于下定决心要彻底铲除李世民。武德八年六月的一天，他向齐王、秦王以及李神通等将领发出邀请，请他们到东宫赴宴，想要在酒宴之上借机杀死李世民。

李世民虽然知道太子图谋不轨，但也不能拂了太子的好意，接到邀请之后，带着尉迟恭、侯君集等人欣然而来。李建成在厅外给亲随们单独设宴，让尉迟恭、侯君集留在外面用酒，自己亲热地拉着李世民的手来到筵席之上。

酒到酣处，太子对李元吉、李神通等说："我大唐的江山有一半都是靠了秦王，若没有秦王出生入死、浴血而战，哪有今天盛世太平？我等应该一起敬秦王一杯！"

众人皆附和着说："秦王神武，应该敬一杯！"

李世民谦恭地说："天佑大唐，有皇上和太子的福荫，才有战场上的胜利！"说着端起酒杯，李建成却一把拉住他的手，说："我宫中有皇上御赐的好酒，一直都舍不得喝，今天就请二弟和我分享。"说着，拿起酒壶为李世民满满斟了一杯，又转而给自己斟满一杯，端起酒杯说："希望你我兄弟可以一直这样好酒共饮！"

原本心存疑虑的李世民，看到李建成也给自己斟了同样的酒，便放心地端起酒杯谢过太子，一饮而尽。可他不知道，太子手中的酒壶中暗藏玄机，一只酒壶装着两种酒，只要在倒酒时稍加控制便能转天换地。

李建成看他喝完，热情地又为他倒满一杯，刚要劝他再饮，身旁的李神通却忽然站起来，对李世民说："我和秦王一起出征过很多地方，要是没有秦王的谋略，恐怕我早就回不来了。我也要敬秦王一杯！"

说着，便端着酒杯过来要敬酒，李元吉忙一把拉住他，说："太子和秦王还没有喝完，你就等会儿再敬吧！"已经有点醉意的李神通却甩开李元吉的手说："我和秦王是在战场上的生死之交，怎么能不敬酒呢？"踉踉跄跄地朝李世民走来，刚走到跟前，脚下一绊便扑倒，打翻了李世民眼前的桌案，连同杯盏滚落在地上。

突然生出的变故，让李建成和李元吉迅速交换了一下眼神。李元吉上前扶起李神通说："你喝多了，还是早点回去休息吧！"李神通却拉着李世民的袖子说："我一定要和秦王喝一杯。"纠缠着不肯离去。

谋定中原

唐朝开国奇谋

190

原本要喝下太子所赐的酒，却被李神通打断，李世民只好站起来扶住李神通，说："你喝多了，改天我们再一起喝酒，今天就先到这里吧。"又回头对李建成说，"我先到门口找人送他回去，再回来陪太子饮酒。"

李建成应了一声，刚想阻拦，李世民已经扶着李神通来到外厅随从饮酒的地方，让人叫来李神通的跟随，带他回府。

刚送走李神通，被外面的冷风一吹，李世民忽然觉得胸口一阵发热，紧接着腹内绞痛，一口鲜血喷了出来。尉迟恭和侯君集一看，上前扶住李世民，紧张地问："秦王，怎么了？"

李世民虽然腹内绞痛，但还是大脑中迅速思索了一遍，自己不可能突然发病，一定是刚才的酒里有毒。他忙对尉迟恭说："你去告诉太子，就说我身体不适，先行告退。"又对侯君集说，"快快备马回府！"

齐王和太子举着酒杯等了半天，也不见李世民回来，却见尉迟恭进来禀告说："秦王身体不适，先行回府了，请太子和齐王见谅，改日再来请罪。"

魏征等谋臣见状忙劝太子派人追杀，但李建成却觉得秦王已经中毒，不用再追杀。李建成的犹豫不决给了李世民时间，让他逃回秦王府。在及时的救治之下，李世民居然痊愈了。

对于此次赴宴吐血，李世民和盘汇报给李渊。李渊眼看二子相残，却不愿外扬，只是对李建成说："秦王一向不能喝酒，以后就不要再请他夜饮了！"

对于李世民，李渊心中也觉得多有愧疚，便说："太子是你的兄长，我不能轻易就废除他。但是你们兄弟又如此不能相容，我看你还是去洛阳吧，在那里我可以将陕西以东的地方都归你管理，也可以赐你使用皇帝的仪仗，比长安要好多了。"

这个处理办法也只有息事宁人的李渊可以想出来，但既然皇上已经开口，裴寂等人也不好再插嘴。这一切看上去非常体面，可是，这不是李世民想要的，离开长安对他来说就意味着失败，他要在这里夺取自己想要的东西。他跪在李渊的脚下，情真意切地说："父皇年纪越来越大，要我离开长安，就要远离父亲，我怎么能做到呢？我不放心就这么离开您，就请准许我一直守在您的身边，就算危机四伏，只要能每天见到您，在您膝前尽孝，我死也甘愿了。"

在李世民的坚持下，他继续留在了长安。

虽然李建成对他直接下杀手差点要了他的命，可李世民不仅逃过一劫，而且成功获得了李渊的同情。所以在这一次斗争中，李建成依旧没有能够得手。

矛盾没有得到彻底的解决，势必会进一步激化，李世民已经认识到自己被逼到了绝境，再不反击就无异于坐以待毙了，而且经过长久等待而积蓄的力量，也将在反扑之中爆发。

危机四伏，昆明池战

在东宫夜饮事件发生之后，虽然李渊依旧以掩饰为主，希望可以安抚秦王和太子之间的矛盾，但这种办法并不能起到任何作用。太子和

秦王的斗争已经被摆到了桌面上，满朝文武都各有倾向。齐王李元吉更是为了打击秦王而马不停蹄地奔走，他先后以李世民奖赏将士、收买人心、久战无功等理由向李渊告状，希望可以促使李渊下令处死李世民。但因为军功卓著，又没有明显的叛乱行为，李渊找不到对李世民不利的理由，加上裴寂、萧瑀、陈叔达等李渊的重臣都倾向于秦王，不断为李世民说情，所以暂时为李世民赢得了时间。

李建成和李元吉数次陷害李世民不能得手，对于李世民的恨意已经无法掩饰。而李世民虽然也一直在积极部署，却下不了决心向李建成发动最后的攻击。眼看着秦王府在太子的主使下逐渐被分化，房玄龄、杜如晦等人都被调到了其他地方去任职，并且被李渊强令不许再和李世民见面，理由便是防止他们挑拨离间太子和秦王的关系。

被调走之后，房玄龄对长孙无忌说："现在太子和秦王已经不能共存了，齐王和太子的联盟针对秦王府的举动已经不加掩饰，嫌隙越来越大，而皇上却还希图将这种裂缝缩小。如果真的出了祸事，那将不仅是秦王府的灾难，更是社稷的不幸！"

作为秦王府最被信任和重用的谋臣，长孙无忌跟随李世民多年，又是天策府主要成员，他的看法和房玄龄是一致的，他对房玄龄说："我所想的，正是你所说。一直以来，我们都不敢把这件事拿出来讲，但是现在，太子对秦王的不容之心已经大白于天下。如果这么下去，秦王肯定危险了。"

房玄龄说："所以我们不能再继续等待下去了，不然一切都晚了。我现在被命令远离秦王府，因此无法再向秦王建议了，就请您将我的意思转告给他，希望秦王尽快采取行动，这才是保家保国的根本办法。"

长孙无忌将房玄龄的话转述给李世民，而屡遭暗算的秦王却依然说："就算是太子对我不利，我也不能先于他动手，这样岂不是授人以柄，让天下人耻笑？"

长孙无忌说："自古成王者都要在危急时刻采取特殊手段，如果我们不先动手，而只是一味等待，势必会给太子机会，到时候只怕我们想反扑也没有机会了。"

李世民说："我在天策府中所做的准备也很充分，就算太子想要对我不利，一时半会儿也不会得逞。我也相信他不敢公然违背皇上，对我直接下手。这些危机是存在的，但并没有你们所想的那么严重。"

虽然谋臣一再劝说，而李世民却迟迟下不了决心。房玄龄、长孙无忌等人都非常失望。但没过多久，李世民的想法忽然出现了转变，而真正让这件事出现转机的，却是一个名不见经传的小人物。

在李世民和太子都暗中筹划的时候，忽然从东宫中逃出一个率更丞，名叫王晊，他本是东宫中的一名小官，但是却不被重用。眼看着东宫和秦王府斗得越来越凶，他敏锐地发现自己的机会来了，便在一次当值偷听到李元吉和李建成的对话之后，连夜逃出东宫，直奔秦王府告密。

长孙无忌带了这名告密者，到李世民的面前。李世民问他："你为何要来投奔我？"

王晊叩头说："太子残暴，天下人都希望秦王您得胜。只是现在太子企图谋害您，小人知道了消息，便赶来向您汇报。"

李世民问："你知道什么消息？"

王晊便将自己所见所闻全盘托出，他说："我昨晚当值的时候，听到齐王对太子说：'现在，我利用皇上，让秦王府的骁将勇兵都跟随我出城伐敌，这一次杀死他的机会也就来了。'太子说：'能有什么机会？'齐王对太子说：'过几天我出兵的时候，你便假借为我饯行，请秦王一起到昆明池，到时候在幕布后面掩藏勇士，秦王一到就将他拉下去杀了，对外就说是暴毙。'太子说：'这个办法甚好，只是秦王府的那些人肯定也不会顺从我们。等杀了秦王，你我掌握了朝政，就将尉迟敬德、侯君集、长孙无忌这些人全都坑杀，到时候就天下太平了！'"

李世民一听这话，气得两眼圆睁，厉声问王晊："他们果真是这么说的？"吓得王晊赌咒立誓，声称句句都是亲耳所闻。

长孙无忌忙上前说："秦王你看，我们一天不动手，他们便会谋划如何杀我等。这么等下去，只能是等死啊！"

尉迟恭、张公瑾等武将一个个剑拔弩张，对李世民说："您一向是仁厚孝顺之人，为了皇上安心，不愿意与太子为敌。可是现在这个时候，您再孝顺下去，我们就都要没命了。太子已经决意要杀我们，箭在弦上，我们只有抢占先机，才能确保活命。"

李世民说："我虽然知道太子有杀我之心，但是这么明目张胆地动手，从他一向的个性来看还是有些突兀，我不能这么轻易就相信一个叛逃的人所说的话。"

长孙无忌叹了一口气，说："王晊是因为心向秦王，所以才跑出来向您告密的。您难道一定要等到被人拿刀砍头，您才相信吗？"

李世民皱着眉头，陷入矛盾中。长孙无忌看他这样，便说："既然这样，如果我们真的收到请帖，请您去昆明池，那么就能证明王晊所说是真的，太子是要在昆明池下手杀您。"

李世民点点头说："那我们就等一等，看太子会不会真的邀请我去昆明池为齐王饯行。"

心怀最后一丝希望的李世民，还是不愿意相信太子和齐王会如此明目张胆地对自己下手。然而当天便有东宫派来的人呈上了一份请柬，不

第六章 兄弟夺位，智者无敌

仅邀请秦王去昆明池赴宴，还以为齐王饯行之名，号称兄弟们要欢聚一堂，请秦王轻装简从前来。这封请柬终于让李世民最后仅存的一道防线被击破，看来太子是真的打算下手了。

李世民慢慢冷静下来，对长孙无忌说："我已经下定决心，这一次一定要将太子和齐王一起消灭。你快去找房玄龄和杜如晦，让他们来见我商议御敌之策。"

长孙无忌带着李世民的命令来找房玄龄和杜如晦，可是房、杜二人对于李世民的决心并不相信，他们担心李世民只是一时的怒气，过不了多久又要取消行动，便对长孙无忌说："皇上已经严令不许我们再见秦王了，如果一旦被发现，是要被砍头的。所以，我等不敢去见秦王。"

长孙无忌说："秦王此前是没有下定决心动手，但这一次是情势所迫，不得不向太子发难了。这一次迎接二位回去，就是要商讨这件事。"

房玄龄说："我此前已经进言，但是秦王比较犹豫，所以才一次次将自己伤害，这一次秦王与太子为敌，我等也只能自求多福。现在要是违背皇命，恐怕又要被太子在皇上面前中伤，到时候我们就自身难保了。"

李世民听了长孙无忌带回来的话，果断地解下自己腰间的佩剑交给长孙无忌，对他说："你以此剑为信物，让房、杜二人看看，让他们知道我这次是决意要消灭太子了。"

房、杜二人看到李世民的剑，终于相信这次秦王是下定决心了。于是，当夜二人乔装打扮成道士的模样，悄悄进到秦王府，与李世民商议细节。

在李世民和李建成长期的对立过程中，两派人都在不断地寻找机会来消灭对方。李建成和李元吉所结盟的一派，更多地倾向于主动出击，他们不断在李渊面前进行诋毁、陷害，又设下陷阱对付李世民。这些措施虽然都在一定程度上影响了李渊对于李世民的信任，却没有起到真正意义上消灭秦王一派的作用。

在这一过程中，李世民虽然多次以被动接受的方式被拉到斗争中，但并不代表他没有准备，他也在暗中部署和谋划着自己的行动方案，只是因为忌惮李渊以及认为时机不好，而没有采取主动行动。

在获悉昆明池钱行的计划之后，李世民认识到自己总是被动应付是不足以抵御太子、齐王的进攻的，于是开始在斗争中主动出击，以便掌握先机。而昆明池事件成为这场旷日持久的暗斗的转折点，改变了策略的李世民迅速将这场斗争推向了顶峰。

玄武之变，一剑封喉

在持续了数年的明争暗斗之后，李世民开始积极筹划对东宫的反扑，立誓要将李建成和李元吉的联盟击破，并且不给他们任何机会。

久经沙场的李世民深深明白一个道理：不能一招制敌，势必引来更凶猛的反扑。因此，他下定决心要消灭太子一党，他开始从一只蛰伏的雄狮变成蓄势待发的利箭，他要求自己一发必中。

在房玄龄、杜如晦、长孙无忌等人都悄悄在秦王府中集合之后，李世民说："我本来怀着仁厚之心，不愿意让父皇看到兄弟相残而伤心。但是太子和齐王步步紧逼，并不因我们是一母同胞而留有丝毫余情。既然是这样，我只能奋起出击了。"

房玄龄说："东宫和秦王府已经势不两立，若是秦王还心存幻想，希望太子会因为兄弟之情而幡然悔悟，那就太可笑了。现在，我们只能挥戈以向，找个办法让皇上治太子的罪，才能为社稷求得安宁。"

众人皆点头称是，可是长孙无忌却说："此前杨文干谋反之时，太子作为主谋，却被皇上赦免，可见皇上对于太子的宠爱远胜秦王，我们如果再想通过皇上来让太子受到惩罚，似乎不太可能了。就算能找到证据，再以谋逆之罪告到皇上那里，也不一定会扳倒太子，所以我们一定要找其他办法。"

其实，对于李渊的期望，李世民早就已经放弃了。李渊眼看着李建成做出企图谋逆、戕害兄弟等行为，在了解真相之后依旧保护太子，李世民便对李渊已然失望。他明白，在李渊的天平上，虽然他建立了无数军功，被赐予了很多荣耀，却依旧抵不上太子重要。而谙熟兵法的他也明白：敌人用过的招数，自己不能再用。李建成对他设计圈套、在皇上面前诋毁诬陷等策略，都起到了一定作用，如果自己再去效仿，也许不仅不能取得效果，还会让太子占了先机。所以，他要的是太子从未做过的。

李世民对众人说："太子一向不能容我，杀我之心不死。这一次又在昆明池设计害我，既然这样，我又怎么能坐以待毙！我只能在他杀我之前先动手，而且我要一招制敌。这也是为了国家社稷，为了大唐的安宁。"

房玄龄说："我们要对太子下手，必然要找到一个合适的地方。现在长安城中到处都是太子的人，就连皇宫中也都是太子布下的阵防，哪儿才最合适呢？"

看众人沉默，李世民说："玄武门的守将敬君弘曾经是我的部将，跟随我南征北战，在平定窦建德的战役中表现突出，被我推举驻守玄武门，是可以信任的人。现在长安城里要想找到可以下手而不被打扰的地方，可能就只有玄武门了。"

房玄龄一听大喜，说："玄武门是进宫必经之地，皇上现在又住在靠近玄武门的临湖殿，只要我们能将太子引到宫中，让他朝拜皇上，必然要经过玄武门，就能找到下手的机会。"

这一点很快便获得了大家的赞同。侯君集、尉迟恭等人说："我们可以先去玄武门做好埋伏，一旦太子出现，便可以动手杀了他。"

可是长孙无忌却说："那么又怎么能将他引到玄武门去呢？平时太子朝拜，我们都掌握不到行踪，而且他多有随行，也难找到机会。"

这个问题难倒了大家。就算是做好了万全的准备，李建成不出现，也是白搭。众人都开始沉吟思索，李世民说："要让太子去朝拜皇上，就不能是太过激烈的理由。如果是谋反这些罪名，估计太子就不敢进宫面圣，反而是逃走了。"

长孙无忌说："如果理由不够，皇上又觉得没有必要召见太子，那我们的辛苦就付诸东流了。"

大家又一次陷入沉默中，过了半晌，杜如晦说："太子常入宫，其实并不是拜见皇上，很多时候是去后宫。"

房玄龄说："尹德妃和张婕好两人与太子的私交非常好，这是大家都知道的。"

杜如晦说："既然这样，我们能不能在这件事上做一些文章？"

房玄龄想了想，一拍手说："对啊！我们可以向皇上告密，就说太子淫乱后宫。这条罪名可大可小，宫里又一直有太子与尹德妃、张婕好过从甚密的消息，皇上一定会召见太子。而太子觉得自己被冤枉，也一定会进宫去做解释。到那时，我们就可以在玄武门等着他自投罗网了。"

众人对这一说法都表示赞成，李世民也表示赞同，便连夜写了奏折，密告太子与尹德妃、张婕妤秽乱后宫，有损尊严。同时说太子和齐王有意谋害自己，让李渊不得不将李世民也同时召入宫中询问。

武德九年（公元626年）六月四日的早晨，李渊打开李世民的奏折一看，勃然大怒，便诏令太子李建成和秦王李世民进宫到临湖殿面圣。

这边东宫接到了消息说，秦王在皇上面前告了一状，说太子淫乱后宫，皇上大怒，命其进宫一问究竟。李元吉说："我们现在兵马都已经部署得差不多了，而秦王此时忽然陷害，诏令太子进宫，肯定不会有好事。不如太子就称病在家，暂时不去朝拜，静待事态发展，再做打算。一旦秦王有所举动，我们就起兵将其制伏。"

李建成却摇摇头说："我莫名其妙背上这样的罪名，皇上对我的信任肯定有所降低。而且我现在部署严密，长安城到处都有我的布防，薛万彻、谢叔方、冯立等得力的部将也都做好了随时作战的准备，你就不用担心了。只要进宫向皇上解释清楚这些，秦王的谎言就不攻自破，到时候我们就可以动手了。"

在李建成的坚持下，他带着齐王以及部分亲随进宫到临湖殿面圣。途经玄武门时，太子忽然发现原本守卫森严的玄武门今天没有几个人看守，城门上的守将个个面目紧张。发现端倪的李建成忙将自己的疑惑告诉了李元吉，两人勒住马头打算撤回东宫去，却见李世民全副武装，带着一队亲随迎面而来。

李世民看到太子和齐王想要逃走，便朗声道："太子、四弟，你们不是来见皇上的吗？怎么还没见到就要走？"李建成见状忙策马想要逃出宫去，李世民已经开弓拉箭，一箭正中太子后心。

眼看着太子应声落马，李元吉大骇，忙扭转马头想要直冲向李世民，与其决一死战。孰料李世民身边猛将尉迟恭早已等候多时，一箭正中眉心，将其射落。

变故在瞬间发生，所有的人都惊呆了，太子的部下顿时一哄而散。李世民命人将他们收拢，一个个都拘押起来，但依旧有漏网之鱼逃出宫去，向宫门外守候的太子护卫队呼救。不一会儿，薛万彻、冯立等太子的手下部将都率兵赶到玄武门。

这一边，李世民带着尉迟恭、侯君集、张公瑾等人，连同玄武门守将敬君弘，死守城门。另一边，太子翊卫薛万彻、车骑将军冯立率兵猛攻。薛万彻眼看城门守得牢固，便对冯立说："秦王带着部将都在这里死战，秦王府一定缺人把守，你且在这里攻城，我率军去攻打秦王府！"

李世民一看薛万彻率军撤退，要去攻打秦王府，不由得一阵发慌，此时的秦王府中只有老幼家眷，薛万彻一去必然全部被俘。正焦急间，尉迟恭跃然上马，将李建成和李元吉的人头砍下来，挂到城门之上，对冯立、薛万彻说："你们的主子已经死了，你们还想做什么？"

众人一看太子和齐王已然被杀，顿时斗志涣散，很快便被秦王军队击溃。而薛万彻和冯立也仓皇逃出长安去了。

玄武门之变以李世民的完胜告终，两个月之后，李渊让位于李世民，李世民在推辞了三次之后，改元贞观，坦然地坐上了自己期盼已久的位置，全权掌握了这个国家。

第七章
励精图治，国富民安

　　唐基本统一全国后，为了进一步巩固统治，在政治、军事、法律、经济等方面都在隋代的基础上进行了调整和补充。

厘定官制，指定田租

武德七年（公元624年）三月，唐高祖李渊下令厘定官制。

1. 中书省和门下省

在中央行政方面，唐初设太傅、太师、太保各一员为三师，做名义上皇帝的老师；设太尉、司空、司徒各一员为三公，与皇帝坐而论治国之道。这都是正一品的达官显贵，但既无实权，也无属官，并且常不授人，只是虚设。

唐中枢机要之司是门下省和中书省。中书省长官为中书令，二员，正三品；副职为中书侍郎，二员，正四品。由于中书令身为相职，主要的办公地点在"政事堂"，因而中书省实际负责的往往是中书侍郎。此外，还有中书舍人、散骑常侍、拾遗、补阙等。唐中书省的中心工作是诏书的起草，以及负责整理、陈奏来自各方面的表章，并提出处理的大致方向。共有七种形式：一是"册书"，凡立皇后、太子及封王等场合使用；二是"制书"（又称"诏书"），一般用于重要的奖励与处罚、重大官爵的授予、改革旧制等；三是"慰劳制书"，用于赞美贤德、勉励勤劳；四是"发敕"（又称"手诏"），是最频繁使用的一种形式，如增减官员、免除官爵、六品以下官员任命，州县行政区划的废置改易，对流放以上罪刑的执行，征发兵马以及支出国库中的钱财；五是

"敕旨"，是根据皇帝旨意而制作的施行程式；六是"论事敕书"，用于戒约臣下、慰谕官员；七是"敕牒"，是在保留原有典章制度的前提下，按旨意发出的公文。

中书省批复奏章的敕旨或草拟的诏书要一式两份：一份称"底"，即在中书省留档备查；一份称"宣"，即送到门下省进行审查。这种经过门下、中书，有底本留在中书省可以检查的诏敕才是正当合法的。

在中书省负责起草诏书的主要是中书舍人，为正五品，定额六员。一般以德高望重的一人判本省杂事，称为"阁老"。负责草拟诏敕的也只有一人，称为"知制诰"。中书舍人草诏书不得延缓，不能泄漏，不得忘误，不能遗失，否则要受处罚。

由于唐代六部表章由尚书省汇总奏上，而对这些表章提出初步处理意见也要在中书省完成，所以唐六位中书舍人参议奏章要按尚书省六部分工，称六舍人，分押六曹。尽管是这样规定的，但一位舍人对他分管的关于军国政事的奏章提出大概的解决方法时，其余舍人也可以提出不同看法，并在奏章后署名，称"五花判事"。这样既有分工负责，又可将众人的智慧集中起来。

唐门下省长官名侍中，二员，正三品；副职门下侍郎，二员，正四品；此外，还有给事中、散骑常侍、谏议大夫、补阙、拾遗等。唐侍中也位列宰相行列。门下省的主要工作是负责审查尚书省拟制的奏抄和中书省起草的诏敕，凡是有不便施行的封驳奏还。

具体说来，中书省以皇帝的名义草拟诏敕，要签上时间及中书令、中书侍郎、中书舍人姓名，送到门下省审查。如果此诏敕内容是军国人事而门下省又审查同意，首先要由侍中、门下侍郎、给事中签名，再写上一段对诏敕内容加以褒美的文字，署上时间，复奏皇帝批准，对外执行。若是草拟一般诏敕，则门下省不须加褒美的文字，只写"判书如右，请奉制付外施行"等字，复奏皇帝御批实行。当中书省起草的诏敕在门下省审查时，门下省认为不便施行，有权进行封驳。"封"就是将草拟的诏敕密封后退回中书省。而"驳"则还要附上反驳的意见，说明不同意的原因，有时甚至直接在上面涂改，时称"涂归"，中书省这时需要考虑修改或重新草拟"诏敕"。

唐代臣下给皇帝的上书形式有六：一是"奏抄"，是使用普遍的公文形式，如有关部门关于祭祀、国用支出的报告，吏兵二部授六品以下官员名单，司法部门对处断以下罪采取一定的措施，以及官员犯法后免职等；二是"奏弹"，专指百官不法之事受御史台弹劾而使用的公文；三是"露布"，是军队破敌后申报兵部而奏闻天子的公文；四是"议"，是大臣讨论疑难的事情，将不同意见请皇帝裁决的公文；五是"表"，一般给皇帝的上书都可称表，如贺表（贺生日、祥瑞等）、谢表（谢赐官职、爵位、赐物等）、请表（请上尊号、请坐朝等）、让表（让官爵）；六是"状"，如举人自代状、论事状等，它和"表"并不相同，"表"只能上奏天子使用，而"状"也可以用于其他隶属关系。

这六种臣下给皇帝的上书，也都要在门下省经过审查。如果同意，复奏皇帝"画可"批准。然后，门下省将原件留下存档，重新抄写一份，侍中注"制可"，并加盖骑缝御印（皇帝玺在门下省保存），由尚书省进行颁布实行。门下省审查这些奏章时，如认为其中有违失的地方，也有权封驳。唐制规定，侍中亲审的只有"露布"和"奏抄"，其他的主要由给事中具体进行，因此，给事中职位十分重要。

门下、中书两省官员都有进谏的职责，并设专门以进谏为职务的谏官，即谏议大夫、散骑常侍、补阙、拾遗。

唐前期谏议大夫定额四员，正五品，隶属于门下省。

谏官言事，一是廷争，即当面指出皇帝某些错误的行为，以及就时政陈述宰相的得失；二是上封事，就是以书面形式讨论上述的内容。唐代专门设置的谏官属于比较重要的清职，像补阙、拾遗，虽然品位不高，但直接由君相授任而不由吏部任命，可以在一定程度上防止宰相乱政以及皇帝专权所造成的独断专行。

此外，门下、中书两省还有记录皇帝每日言行以及统领史官修史等职能。

2. 尚书省

尚书省是唐代最高行政机关，掌管政令的颁布和实施。作为事务性机关的九寺五监以及地方州县，都要遵守尚书省颁行的政令而各负其责。根据制敕的内容，有时尚书省直接将中书、门下发出的制敕转发到中央各部及地方州县执行，有时需要依照制敕规定的政策方针制定出具体施行的政令，称"施行制敕"。主要包含三种形式：一是"起请条"，就是拟定以制敕主旨为标准的具体的执行方案；二是"商量状"，凡是门下、中书难以决断的军国大事，便下敕付尚书省有关部门研究，并写成"商量状"，将具体意见附于原敕后，供门下、中书决策时参阅；三是"详定制敕"，凡是中央各部门及地方州县奏请并获批准的事情，还要由尚书省"详定"。

都省是唐尚书省的首脑部门。它是行政的总汇，中央的政令通过它向诸司、诸州府传达，诸州府的奏折文书通过它向上传达。都省也是京师各部与地方诸州府联系的纽带。

尚书都省的长官为尚书令，额定一员，正二品；左、右仆射各一员，从二品，为副职；左、右丞各一员，正四品；左、右司郎中各一员，从五品。李世民在高祖朝曾居任尚书令一职，以后一般不再授人。左、右仆射成了掌握尚书省实权的官员，而且是宰相（唐玄宗开元以后，宰相之职才被摒弃）。这样，一般由左、右丞负责都省的具体事务。左、右丞领导省内诸司的工作，监督官员们履行职责，检查各部门间往来文书，严格签发。

都省下设六部二十四司。六部之首是吏部，长官为吏部尚书，一员，正三品；吏部侍郎，二员，正四品，为副职；下设吏部司、司勋司、主爵司、考功司，都设郎中、员外郎主其事。吏部的重要职责是铨选官员，其次是官员的考核，再次为封赏、赐爵。

天下户口、田赋、仓储等财政方面的政令由户部执掌。在六部中，户部政务最为繁多。长官为户部尚书，一员，正三品；户部侍郎，二员，正四品，为副职；户部下设度支司、户部司、金部司、仓部司，主管是郎中、员外郎。

户部在尚书、侍郎的领导下，主要责任有三：其一，进贡、清点全国各地的土特产；其二，全国州县户籍的管理、丁口的核准和户等划分；其三，授收管理均田，赋税的征收和减免。最高财会主管机构是度支司，它最重要的职责是作出国家每年的开支预算，核算已花费的财物。金部司掌管国家库中钱物出纳的政令，太府寺按政令执行具体的出纳事务。仓部司掌管国家仓储粮食出纳的政令，司农寺按政令执行具体事项。

礼部的长官是礼部尚书，一员，正三品；礼部侍郎，一员，正四品，为副职；礼部下设礼部司、膳部司、祠部司、主客司，各由郎中、员外郎主管。礼部主要掌管祭祀、文教、外交礼仪等政令。玄宗开元年间，主持科举考试的任务由吏部移属礼部后，该部最重要的政务转而成

谋定中原

唐朝开国奇谋

为主持科举考试。

兵部是全国军政领导机关。长官为兵部尚书，一员，正三品；兵部侍郎，二员，正四品，为副职。兵部下设职方司、兵部司、库部司、驾部司，以郎中、员外郎为首，军政的具体政务由他们管理。兵部掌管的军政主要有三个方面：一是管理军籍，二是根据敕书调动兵马武器，三是选拔军官。

刑部长官为刑部尚书，一员，正三品；刑部侍郎，一员，正四品，掌管司法行政，为副职。政务主要包括以下方面：一是刑事案件审核定罪；二是刑法的颁布；三是管理官奴婢的簿籍及放免；四是国家各种经费开支的审计；五是全国门禁出入与关津越渡。以上各方面事务分属刑部下设的都官司、司刑司、比部司、司门司具体办理，郎中及员外郎为四司的主管。

工部长官为工部尚书，一员，正三品；工部侍郎，一员，正四品，为副职。工部主要掌管有关全国的屯田、百工、山泽的政令，指导将作监、少府监等部门和地方州县营建宫殿、筑城、修造桥梁、挖河等工程建造方面的工作，指导都水监、司农寺和天下郡州的屯田、水利方面的工作。工部司、屯田司、虞部司、水部司分工负责工部各项具体事务。

唐门下、中书、尚书三省分掌审查、拟旨、执行之权，相互牵制，便于皇帝控制，也有利于防止大政方针中的失误。但中书省出诏令，门下省掌封驳，总是争论不休，又直接影响了皇帝诏敕的迅速制定和贯彻执行。开始，为协调两省意见，唐太宗之时在门下省设置政事堂，两省长官草拟诏令前先在政事堂商定。参加政事堂会议的人选出宰相组成：包括侍中、中书令、左右仆射，还包括由皇帝指定参加而成为宰相的，这些人都以本官加带"参知机务"、"参知政事"、"参予朝政"等名。后来，逐渐发展固定为"同中书门下三品"、"同中书门下省平章事"头衔。政事堂会议成了处理各项大事、协助皇帝统治全国的最高决策机关。

唐代宰相的职权是十分广泛的，但最为重要的是决策权与人事权。决策权是指宰相可以决议天下大政方针，其决策形式就是政事堂会议；人事权是指宰相可任免三品以下、五品以上的中高级官员与六部郎官、御史台六品以下的重要官员。当然这些权力是皇帝赋予的，宰相的决策只有经过皇帝的批准颁行才有效力。皇帝与宰相之间的沟通除奏章外，还有面议政事制度。常朝议政是唐前期主要采用的方式，即皇帝每日上朝（后改单日御朝，双日休息），文武百官奏事完毕，宰相留下议政。唐代宗以后，宰相奏请皇帝开延英殿议政，皇帝在延英殿召宰相议政，成了皇帝和宰相共议政事的重要形式。

3. 监察机关及事务性机关

御史台是中央的监察机关。长官是御史大夫，一员，正三品；御史中丞，二员，正四品，为副职。御史台下设殿院、台院、察院，分别由殿中侍御史、侍御史、监察御史主持，各有分工，承担具体的监察职务。

御史台主要是根据国家法律制度，监察中央和地方各级官员是否违法乱纪。不管是接受别人告状而来，还是自己访问得知，御史台都可进行弹劾。在弹劾时，大事由御史大夫或中丞亲自撰写表章弹劾，小事由侍御史等弹劾，但事先要经过御史大夫署名同意。若在朝堂弹劾，被弹劾的官员要到殿下首待罪恭听。

御史台还有审理狱讼的职责。太宗时为了审讯方便，又单独设置了监狱，称为"台狱"，皇帝交办的案件一般由御史台审查，即所谓的"制狱"。它与刑部、大理寺联合组成"三司"，会审比较重大的案件。御史台由于有监察刑狱的权力，刑部、大理寺所判的案件要报御史台复查；而御史台审讯的案子，一般要移交大理寺法官量刑判罪。

唐代还设有庞大的事务性机关，这就是五监、九寺与秘书、殿中、内侍三省，十六卫以及东宫官属。

按其所掌管的事务性质划分，上述官署有以下几个方面：一是管皇家事务，有内侍省、殿中省、宗正寺；二是管礼乐祭祀、民族与外交事务，有光禄寺、太常寺、鸿胪寺；三是管文化教育事务，有国子监、秘书省；四是管司法事务，有大理寺；五是管财物出纳、贸易以及屯田、水利事务，有太府寺、司农寺、少府监、将作监、都水监；六是管武器与军工事务，有卫尉寺、太仆寺、军器监；七是管京城宿卫事务，有十六卫。为太子服务的是东宫官属，职官很多，大多闲散无事。

4. 地方行政及府兵制

为了管辖幅员辽阔的国土，唐政府在地方上也设置了一整套的政权机构，在边疆或军事要地设都督府、都护府，在内地设州、县两级。

州的长官为刺史，统管一州的民政、教化、司法、生产、赋税的征收以及地方贡举等。刺史之下主要有"上佐"、"判司"和"录事参军"。"上佐"即长史、别驾、司马，他们是刺史的副手；"判司"指司仓、司功、司兵、司户、司法、司士六曹参军事。他们相对中央尚书省六部分管州内的政、财、刑、工等具体事务，监察"判司六曹"官员是否依法办事是"录事参军"的主要职责。

都督府在行政区划上和州同级，长官一般兼任所治州刺史，出于军事需要而兼管军政，名称为都督。设都护府是为了管理归附唐的边疆少数民族，都护是长官的名称。都护府下设若干羁縻都督府、羁縻州。这些府州可以不向中央政府交纳贡赋，可以对其一般内部事务自治管理，但必须接受都护的政治领导。

县的长官为令。县令的主要职责是征督赋税、劝课农桑、编造户籍，此外还要审理狱讼、分派差役。下属一些官吏协助办理具体事务的称为丞、主簿等。

乡、里是县以下的基层组织。里管百户，五里为乡。把农民编入乡、里之中，遵照尚书省发下的政令办理地方的各项政务，并按时汇报、皇帝批准才能执行重大的事项。这一套行政体制好像一座金字塔，皇帝将统治权力从塔尖一直贯彻到基层。

唐高祖李渊恢复了府兵制。唐太宗贞观十年（公元636年）以后，重新整理过的府兵进入了全盛时期。武则天当政以前，宿卫与征防中府兵都居于重要的地位。

府兵的组织是中央设十六卫，由皇帝直接统率。十六卫中，左右卫、左右武卫、左右骁卫、左右威卫、左右领军卫、左右金吾卫，掌管府兵。左右千牛卫、左右监门卫不领府兵，前者负责皇帝的左右护卫，后者负责京城诸门警卫。各卫的长官都称"大将军"。

设在各州县的折冲府由掌管"府兵"的十二卫管辖，每个卫辖四十至六十个府不等。折冲都尉是折冲府的长官。每府统领府兵千人左右。折冲府虽设在州县，但分布失衡。全国设府约六百三十四个，仅在关中就有两百六十一个，也有很多折冲府分布在接近关中的河东、河南。折冲府下设团、旅、队、伙四级组织。

"府兵"（时称"卫士"）一般是从普通地主、下级官员子弟和有一定资产的农民中挑选。挑选的原则是："财均者取强，力均者取富，财力又均，先取多丁。"

"府兵"从二十一岁入军，六十岁才免役。平时他们在家乡进行农业生产，由折冲都尉在冬季农闲之时进行军事训练。军事任务主要是到京师轮流宿卫，其次是戍边，第三是征战。担任府兵的，本人不纳租调，不服徭役，但执行军事任务时要自备弓、箭等一般武器和粮食、衣装等。若作战立功，可授以勋级，或提拔为武官。勋级十二等，根据相应的勋级可以得到不同数量的勋田。

皇帝握有府兵调遣、征发权。一般由君相议定，降制敕于兵部，兵部据敕发符契到有关折冲府，折冲都尉和刺史共同审查符契真伪后才发兵。若出征作战，率兵大将军由皇帝临时委派。军事任务结束后，将归于朝、兵散回府。皇帝通过府兵制度，从组织系统和征调制度上保证军权直接控制在自己手里。折冲府设置的不平衡，形成内重外轻的局面，使中央能迅速调集重兵，在军事力量上保持强大。府兵日常管理由十二卫承担，兵部签发征调的军令，而将帅却又不能长期握兵在手，从而防止了大将专兵跋扈。府兵制"兵农合一"，国家养兵费用大大削减。但这种府兵制是以均田为基础的，随着均田制的瓦解，它也必然遭到破坏。

除了南衙十二卫轮流宿卫的府兵外，在宫城南驻屯有南衙禁军，宰相可以奉敕调遣武将和军队；在宫城北面的苑内驻屯有北衙禁军，归皇帝直辖，宰相无权插手。

北衙禁军主要由随李渊起兵入关的"河东义兵"组成，有三万人，李渊加以"元从禁军"荣号，驻守于宫城北门。父老子代，"称父子军"，由左右屯卫辖管。贞观十二年（公元638年），太宗为充实加强北军，始置左右屯营"飞骑"，这些"飞骑"都是骁勇善战、长于骑射的战士。公元662年，守卫宫北门的左右屯营脱离左右卫而独立，不久改称左右羽林军。此后为进一步充实左右羽林军，一方面实行招募，另一方面从府兵中选拔，都要身强力壮、精于骑射的。

左右龙武军在组建左右羽林军的过程中也发展起来。它的前身是太宗从左右"屯营—飞骑"中挑选出的、在自己游猎时进行护卫的士卒，号"百骑"。此后，这支北军声势壮大，武则天朝为"千骑"，中宗朝为"万骑"，直到玄宗时从左右羽林军中独立出来。此时，"左右万骑营"与左右羽林军平行并举，正式建立左右龙武军号，合称天子"北门四军"。

唐中央禁卫军所以分成南、北衙军两部分，目的是相互牵制，而北衙军因战斗力很强以及地理位置的优势，对保护皇帝的安全更为重要。

此外，唐政府在大规模战争时期，不仅征调府役，而且临时招募征人，以补充府兵兵力。这是强制性的招募，标准与府兵相同。

唐初经济经过隋末战乱凋敝不堪，全国在籍的户口不满三百万，约相当于隋盛时的三分之一。黄河下游地区茫茫千里，杳无人烟，鸡犬不闻。为了能够重新召回流亡的农民在土地上进行生产，为了能从占有土地的人中征收赋税以解决财政来源问题，正常地运转国家机器，唐沿用和改良了北魏以来实行的均田制和租调制。

武德七年（公元624年）四月，颁布了均田令和租庸调法。前者的主要内容是：

1. 授田根据户籍。规定三岁以下的小孩为黄、四岁至十五岁为小、十六岁至二十岁为中、二十一岁为丁、六十岁为老。户籍由县里每三年编写一次。丁男和十八岁以上的中男受田一顷，其中八十亩为口分田、二十亩为永业田。老男、残疾人受田四十亩，守寡的妻妾受田三十亩，若为户主均增加二十亩。其中十分之二为这些人的永业田，余为口分田。

2．贵族官僚授田另有规定：有爵位的贵族从男爵到最高的亲王，可分永业田五顷到一百顷。武官获勋从武骑尉到最高上柱国，可分永业田六十亩到三十顷。职事官从九品到一品，可分永业田二顷到六十顷。另外，中央和地方官吏还有职分田，将地租充当俸禄的一部分，最低九品小官二顷，最高一品官十二顷。各级官府还有公廨田，地租作办公费用，最高的中央官署可占二十六顷。

3．地少人稠受田不足的叫狭乡，地多人少受田足的叫宽乡。狭乡占田禁止过限，口分田只授半数，但可以在宽乡遥授土地。宽乡有剩田处，只要申报立案，可以经当地官府批准超额占田。官人永业田和勋田要在宽乡授给。

4．永业田不再收还，可传给后代；口分田死后还官；职分田离任时移交下任官员。

5．严格控制土地买卖。一般卖口分田要受到刑罚，财产没收，地还本主。但平民有身死家贫无法埋葬的，准许将永业田出卖；迁往宽乡和卖充邸店、住宅的，并准出卖口分田。官人赐田和永业田可以出卖。买地的数量不得超过法定本人应占的数额。

唐的均田制是在隋末土地占有关系混乱的前提下施行的。土地名义上属于国家，但实际上土地的占有状况、来源以及所有权呈现了复杂的态势。对于没有受触动的地主土地，不管超过法定数额与否，通常是不去干涉的，只不过有个均田名义。对贵族官僚，则允许他们占有大量土地。"均田"决不是绝对意义上的平均分配田地，也不保证每个农民占有的土地数目都符合法令上的规定。

租庸调制与均田制相适应，规定：丁男每年向政府交纳"粟二石"或"稻三石"，叫"租"。交纳绢或其他绵三两、丝织品二丈，或交纳麻三斤、布二丈五尺，叫"调"。丁男每年服徭役二十天，闰年加二天，若不去服役，每天折布三尺七寸五分或绢三尺，叫"庸"，也称"输庸代役"。中男授田的要服役并纳租调，成丁后，服兵役。

唐代规定，如政府需要额外加役，加役十五天，免调；加役三十天租调全免。每年最多不超过三十天额外加役。租庸调法还规定了依照自然灾害的严重程度减收或免收的具体办法：水旱虫霜灾，十分损四成，免租；损六成，免租调；损七成，全免课役。唐达官贵族享有免除租庸调的特权。

除租庸调外，还有两种附加税：一种是户税，按户等征收，初分三等，唐太宗时改为九等，主要是收钱；另一种是地税，王公以下按田数亩税二升，贞观二年（公元628年）初设时名义上是义仓储粮以备灾荒救急，但久而久之成为正式税收。

唐代的赋役令规定了最高限度的服役时间，以庸代役的办法也逐渐成为常制，这些都使农民能够有时间专心从事生产。但租庸调的固定额是以均田令授田足数为标准计算的，一些狭乡的农民得不到足数土地，仍要交纳满额的租庸调，实际上大大加重了农民的负担。

唐的统治者李渊、李世民以及许多唐初期的大臣，都亲眼见到隋朝的覆灭，并经历了激烈的阶级斗争，所以这些人具有不凡的阅历和丰富的经验，特别是唐太宗时君臣经常以隋亡为鉴，探求巩固政权的理论和方法。在此前提下，上述的各种政治、经济、军事、法律制度的正确制定，使得重新统一的政权得到巩固，国家的中央集权比隋朝更加强大。

君臣论道，励精图治

一个富有强大的隋朝，在很短的时间内就分崩离析，这在亲身经历这一历史事件的李世民等人的头脑中留下了深刻的印象。李世民即位后，所面临的形势也很严峻：玄武门之变后政局不稳；战乱之后，田园荒芜，人丁凋零；洪旱为灾，米价昂贵，百姓饥馑；加上频频侵扰唐朝的东突厥，边境州县骚动不安。因此，如何在这百废待兴的情况下治理国家，进而使李唐王朝长治久安，这使太宗君臣不得不结合施政实践，从各方面认真细致地探求治国之道。

武德九年（公元626年）九月，李世民划定了功臣的爵位，命陈叔达当面宣读，征求功臣的意见。这时，有功的将领纷纷争取功名。淮安王李神通首当其冲："高祖举义旗于太原，是我率领众人率先在关中响应；而房玄龄、杜如晦等只是一些文臣，今日爵位却居我之上，臣心中实在不平。"

太宗道："义旗初起，虽然是叔父您首先响应，但也为自己避祸。后来与窦建德战于山东，全军覆没。看到刘黑闼起兵，您又率先撤退逃窜。玄龄等帷幄运筹，坐安社稷，论功行赏，他们所建立的功绩均在您之上。叔父是皇家至亲，朕对您非常尊敬，但不能因徇私情而滥赏啊！"一席话说得李神通等人心悦诚服。

原秦王府旧人中没升官的也有怨言，说我们侍奉陛下多年，今日封官反不如原李元吉、李建成的手下人。房玄龄将此事告诉太宗，太宗解释道："只有大公无私，这样的帝王才能服天下人心。朕与诸公的衣食，都取之于百姓，因此设置官职，应为百姓着想，任人唯贤，怎能以新旧为先后呢？"

不久，太宗和群臣讨论如何杜绝偷盗行为，有的主张用严刑重法禁止，太宗认为不可，并说："'民所以为盗'是因为赋役繁重，'官吏苛刻'饥寒交迫，才不顾廉耻呀！朕要轻徭赋，节省开支，选用廉吏，使民衣食有余，自然不去为盗，这样严刑重法根本就派不上用场了！"他还对群臣说："君靠国家，国家靠百姓。苛刻地剥削百姓供奉君主就像割自己的肉吃，结果只能自取灭亡，君富而国亡。因此人君的祸患不是外来的，而都是由自身引起的：贪图享乐只会浪费钱财；浪费钱财则赋税苛重；赋税苛重则百姓愁苦；百姓愁苦则国家危机；国家危机则君主灭亡。这一道理经常在我脑海里出现，因此不敢纵欲。"

太宗闻听景州录事参军张玄素是一位贤明之人，便召见访问为政之道。张玄素认为："隋朝不信任群臣，皇帝个人独揽大权，大臣们惧怕，只知遵命照办而已。处理天下如此繁杂的政务却仅仅凭借一个人的智慧，即使得失各半，也已经谬误百出了。况且这导致下面讨好奉迎，上面孤陋寡闻，岂有不亡之理！陛下如能慎择群臣而大胆使用，根据他做事的效果进行赏罚，何愁不治！此外，臣观隋末大乱，其实想争天下的不过十余人而已，大多数都为了保全宗族妻子，等待有道明君的出现。可知百姓中只有极少数的人好乱，问题是人主不能使之安居乐业。"太宗听罢很是赞赏，张玄素也立即被提升为侍御史。

贞观元年（公元627年）正月，太宗设宴款待群臣，命奏《秦王破阵乐》。席间太宗道："朕从前受命征伐，这支曲子便在民间流传，虽非文德雅乐，但功业也确是由此而成，因此奏此乐以示不敢忘本。"封德彝附和道："陛下以神武平海内，文德怎能与您的武功相比？"太宗却又说："平定战乱靠的是武力，而治理天下则需要有文德，文武之用，都有它们各自适合的时候。你说文不及武，此言差矣！"

不久，御史大夫杜淹上奏："诸司衙门的文件，恐怕有差误，请让御史们检查。"太宗向封德彝询问看法，封德彝答道："设官分职，各有权限。违法乱纪的现象如果出现的话，御史自应弹劾。若遍历诸司，查找纰漏，恐太繁琐。"杜淹听后默默无语。太宗问杜淹为何不再论奏，杜淹答道："天下之事，都有其理，如果是正确的，就应该听从。封德彝所言，比较符合执政的道理，令臣心服，不敢妄自评价。"太宗听罢大悦，说："你们如果都是这样，朕还有什么可担忧的。"

闰三月，太宗对太子少师萧瑀道："射箭是我年少时喜爱的活动，得到十余张良弓，自认为是天下的极品。最近拿给弓匠看，他却说全不是好弓。朕问为何，回答道：'用来作弓的木头，木心不直，脉络偏邪，虽然弓的力道强劲，但发出的箭不直。'朕这时才明白，从前并不真正懂得什么是好弓箭。朕以弓箭定四方，并不能把握其好坏程度，何况天下事，怎能无一不晓？"遂命在京五品以上的官员在中书省内轮流值班，并多次召见，访问政事得失及民间疾苦。

五月，有人上书请清除佞臣。太宗问佞臣是谁，这人答道："臣居住在偏远的草野之地，不能确切知道是谁。但望陛下与群臣商议政事时佯装大怒，凡是执理不屈的，就是直臣；而畏首畏尾，不敢与您争辩的，就是佞臣。"太宗道："君是源，臣是流，源头浑浊却想要下游清澈，是不可能的。君若自身欺诈臣子，怎能要求臣下正直呢？朕正以诚治天下，不能采纳你的权术。"

十二月，尚书右丞魏征被告发违法庇护亲属，太宗让御史大夫温彦博审查，结果发现不是事实。但温彦博奏道："魏征平日不拘小节，才引起这样的嫌疑。虽然心中大公无私，这点也应责备。"太宗遂叫温彦博告诫魏征今后要谨小慎微。不久，魏征进谏，对太宗严肃地说："臣听说君臣同体，应以诚相待。若上下都不为国家社稷着想，只谨小慎微地躲避嫌疑，就难以预料国家的兴亡了。陛下的告诫臣实不敢苟同。"太宗突然明白过来，说："朕已知错了。"魏征又道："臣有幸侍奉陛下，请让我成为一名良臣，而不是一名忠臣。"太宗困惑不解地问："良臣、忠臣间还有区别吗？"魏征答道："契、稷、皋陶（传说中辅佐尧、舜、禹的大臣）是良臣，龙逢（夏桀的大臣）、比干（商纣的大臣）是忠臣。良臣与君同心协力，自身获得赞誉，君主的名号得以显扬天下，子孙传世，福禄无疆；忠臣面折廷诤，诛戮己身，君陷大恶，家国并丧，空有其名。由此而言，相差甚远。"太宗连忙称道，并赐绢五百匹。

一日，太宗对黄门侍郎王珪道："国家置门下、中书两省，意在相互制约。如果中书省草拟的诏敕有什么闪失，门下省本应加以驳正。人的见解，互有差异，彼此辩论，求取正确；已错从人，有何关系？近来有的因护短饰非，相互怨恨；有的为避免私怨，知错不纠。只顾一个人的情面，不惜造成万民的大祸患，这是亡国之政。隋炀帝时，内外官员一味奉迎阿谀，当时都自以为聪明，祸不及身，待至天下大乱，家国两亡。即使有少数侥幸得免，也是受到群众的舆论谴责，遗臭万年。望你们大公无私，不要学隋炀帝朝的官员。"

太宗还对侍臣说："朕听说西域客商得到上等珍珠，就不惜剖开身体来隐藏。真有这样的事吗？"侍臣回答有。太宗又说："人们都知道嘲笑他们爱珍珠超过爱自己的身体。但官吏贪赃获罪，帝王纵欲亡国，这些人同那些客商不一样可笑吗？"魏征道："从前鲁哀公对孔子说：'人有好忘事的，迁居后就忘记了自己妻子的模样。'孔子说：'还有更严重的，桀、纣连自己也无法确定。'孔子之语说的也是这个道理。"太宗紧接着说："正是这样，朕与诸公要同心协力，以免被别人耻笑。"

一次，太宗在与臣子谈话时，论及山东人、关中人，意中流露出褒后者而贬前者（唐太宗是关中人）的观点。殿中侍御史张行成奏道："天子要以四海为家，不应被狭隘的地域思想所制。"太宗连连称对，并厚加赏赐。

这年，太宗还对侍臣道："朕发现从古以来的帝王，以'仁义'治天下的，国祚久长；以'法'治天下的，虽救弊于一时，灭亡失败也很迅速。前代成败，足可借鉴。朕现在的治国之道是'仁义诚信'。"黄门侍郎王珪说："天下战乱破坏日久，陛下承其余弊，弘道移俗，这是万代宏福。但治理国家必得贤才。"太宗道："朕对于贤德之人的倾慕，真是梦寐以求！"给事中杜正伦紧接着说："当世必定存在着有才之人，只看陛下能否选用，您又何必非要都在梦中寻找呢？"太宗深表赞同。次年，太宗以"仁义"治国初见成效，他对侍臣们说："朕原以为乱世之后风俗难移，近观百姓渐知廉耻，盗贼日稀，官民奉法，才知人无常俗，但政有治乱。因此，治国之道，必须仁义相待，示以威信，因人之心，去其苛刻。这样，百姓自然安定，国家自然安定。望诸公与朕共行此事。"

人性管理，贞观之治

有人曾说："天子之怒，伏尸百万，流血千里。"李世民是一个皇帝，但是在他的统治下，偌大的唐帝国在贞观四年只判了二十九人死刑，的确是前无古人，后无来者。

法律是每个朝代都要施行的、规范人们行为的准则，但是在封建社会里，皇权至上决定了法律的局限性，只能是一种统治人民的工具。对于上层阶级，尤其是皇帝，更是没有丝毫的制约力。皇帝说出的话就是金科玉律，就是法律。唐太宗也不例外。唐太宗能把唐朝的早期治理得那么好，原因是多方面的，但重要的一点是，健全的法律制度和从皇帝到大臣都依法办事的原则。不滥施刑法就不会引起民愤，人民安居乐业，社会自然就会得到大治。可以肯定的是，贞观之治得以实现的重要保障就是法治。唐太宗即位后，就曾说过："国家大事，惟赏与罚。赏当其劳，无功者自退；罚当其罪，为恶者咸惧。"

唐太宗能把法律置于个人之上，这种观点在封建帝王中屈指可数。要想赏罚分明，就必须有相应的法律、法规作为衡量的标准。要制定相应的法律，就必然要涉及立法的原则，为此朝廷上下都展开了激烈的争论。有人主张威刑严法，魏征坚决反对，认为"皇上以'仁恩'为'政之本'，应该'爱民厚俗'"。

太宗采纳了魏征的意见，以宽仁治天下，慎刑宽法成为立法的理论基础。魏征说："仁义是治理国家之本，刑罚是治理国家之末；专尚仁义，当慎刑恤典。"

贞观元年（公元627年），太宗对大臣们说："人死不可复生，用刑法一定要宽简。古人说：卖棺材的人，希望每年都发生瘟疫，不是仇恨人类，而是卖棺可以赚钱。现在办案的人，想借此来应付考核，得到提升。用什么办法，能使办案公平？"

谏议大夫王珪说："只要选择公正善良的人，断案公允恰当的，增加俸禄，奸伪就会停止。"

太宗下诏颁发天下。

太宗说："古代判案，必须要征询三槐、九棘，就是现在的三公、九卿。从今以后，判死刑的，要由中书省、门下省四品以上的官议论，如此，希望能避免冤案和量刑过度。"

太宗命吏部尚书长孙无忌等学古法制订法令，改绞刑五十条为断右趾。太宗认为太惨，说："肉刑早已废除，应该换一种刑罚。"有人建议改为流放三千里，徒刑三年。太宗下诏颁行。

戴胄是一名清正廉明的法官，被提升为大理寺少卿，相当于最高法院院长。太宗因在选拔官吏中有人伪造资历，令其自首，不自首者处死。不多久，就抓到这样的人，太宗命令斩首。

戴胄说："按法律应该流放。"

太宗发怒说："你要守法而使朕失信？"

戴胄说："皇上的旨意出于一时的喜怒，法律是以国家的名义颁发于天下的，按律定罪而不是凭个人的喜好，这就是忍小忿而存大信。"

太宗转怒为喜，说："你能执法，朕还有什么忧虑？"

戴胄多次否定了唐太宗的个人意见，执法如山，有理有据地说服了太宗，太宗都同意了戴胄依法办事的意见。

贞观五年（公元631年），张蕴古任大理寺丞。相州人李好德向来有疯病，说了诳语，太宗下令抓进监狱。

太宗答应赦免，张蕴古把太宗旨意告诉了李好德，又和李好德游戏，被太宗知道了，太宗大怒，将张蕴古斩于东市，随后又后悔了。

他对房玄龄说："你们食君主俸禄，必须把君主的忧虑作为自己的忧虑，事无巨细都应留意。不问你们，你们就不说，不合理的事也不劝阻争论，还称得上辅佐朕吗？张蕴古身为执法官，和囚犯游戏，泄漏朕的旨意，罪行严重，但按法律，达不到死刑，当时非常愤怒，马上下令处死。你们竟然没有一个人说一句话，主管部门又不回奏就执行了死刑，这样治国怎么会清明？"

唐太宗于是下诏，凡判处死刑且已经下处决令的，都要三日五次回奏。如果不按司法程序进行，将受到严厉的惩罚。不得回奏就处决死刑犯的，判流放两千里，报得到批准后，要三日后才能行刑，如果不满三日就行刑的判一年徒刑。

为了保证不出现刑讯拷问、屈打成招的冤案，唐太宗健全了刑讯制度，下诏"犯人不得鞭背"，以免造成死亡，并在法律中规定，要正常审讯，如果法官违法进行，要处以"杖六十的刑杖"的处分。拷讯不得超过三次，总共不得超过两百下。拷认的，取保释放。如果把犯人拷打致死，以过失杀人罪论处。

青州发生了一次"谋逆"事件，地方州县抓了很多人，个个戴上刑具，遭到严刑逼供，监狱里关满了犯人，重刑之下，屈打成招。朝廷派崔仁师前去处理。崔仁师令一律去掉刑具，给"犯人"饮食，用热水沐浴，并安慰他们，依据实际材料，结果只抓了十多人，其余的全部无罪释放。

在司法中，有人为了达到自己的目的或报私仇，会诬告其他人。

贞观三年（公元629年），魏征任秘书监，参与朝政，有人上书诬魏征谋反，唐太宗当然不信，因谋反罪是要处死刑的，诬告者被处以斩刑。

贞观九年（公元635年）八月，岷州都督、盐泽道行军总管高甑生没按规定的时间率军到达，被李靖处分。高甑生怀恨在心，诬告李靖谋反，调查结果无任何证据，高被判死罪，减刑流放边陲。

有人说，高甑生是秦府的功臣，应该宽赦。

太宗说："高甑生不听李靖指挥，又诬告李靖谋反，这样的行为都可以宽赦，法律怎么实施？国家自晋阳起兵以来，功臣很多，若都获免，人人都可以犯法而得免，国家还怎么治理？朕对过去的功臣是不会忘记的，但为了维护法律的尊严而不能赦免。"

225

太宗君臣上下严格守法，是贞观法治成功的重要因素。

正如史书说："王公、妃主之家，大家豪滑之伍，皆畏威屏迹，无敢侵欺细人。商旅野次，无复盗贼，囹圄常空，马牛布野，外户不闭。"

广州都督党仁弘勾结豪强，受贿金宝，擅自增加税收，被人告发，当判死罪。太宗怜其年老，又念其是元老，从宽发落，贬为庶人。太宗自知违反司法尊严，请罪于天，房玄龄等大臣再三劝阻，他还是下诏，说自己有罪：知人不明，以私乱法，不能赏善诛恶。

他经常征询臣下对司法的意见，贞观十一年（公元637年）以判轻罪的惩戒，而判重罪则不追究。

太宗问大理卿刘德威："近日判罪稍严，是什么原因？"

刘德威说："责任在皇上，不在群臣；陛下喜欢宽就宽，喜欢急就急。法律条文规定：如果重判就没有什么问题，轻判了就获罪，因此为了保自己，争相重判。这是畏罪的缘故。陛下如公平对待，这种风气马上就会改变。”

太宗很高兴，公平对待重判和轻判的人，自此，判案就比较公平了。

唐太宗带头守法，也要求臣下遵守法纪，严格执法。

贞观四年（公元630年），太宗对大臣们说：“朕每天都孜孜不倦于国事，不仅仅是担忧老百姓，也要你们能长守富贵。天非不高，地非不厚。朕常兢兢业业，以畏天地，你们如能小心守法，常像朕一样畏天地，不仅是百姓安宁，自身也常得安乐。古人说：‘贤者多财损其志，愚者多财生其过。’这话足以深深地引以为戒，如徇私贪污，不但破坏了公法，损害了百姓，即使事情未爆发，你内心岂能不恐惧？恐惧多了，也有因此而致死。大丈夫岂能因贪财物而害生命，使子孙感到羞耻呢？大家应深思啊！”

贪官污吏，为人们所切齿；惩治贪官，历来大快人心。

濮州刺史庞相寿，是个臭名昭著的贪官。贞观三年（公元629年），受到退赔撤职的处分。他上书向唐太宗求情，说自己原是秦王府的人，希望宽恕。唐太宗认为他之所以贪污，是因贫困，命赐给绢百匹，不予治罪，并回去复职。

魏征立即进谏：“因故旧而徇情枉法是不对的，对贪污分子赐给钱物，还让他继续当官，无助于他弃旧图新，改恶从善。秦府旧人很多，如果人人犯法而不受到严惩，那么其他人就会不服，亲朋故旧就会藐视法律。”

太宗高兴地采纳了魏征的意见，找庞相寿谈话，说：“如今朕为天子，是四海之主，不能偏怀自己的亲朋故旧，如果重新任用你，别人就会有意见，就不再诚心诚意为国家办事了。"

庞相寿无言以对，只好流着眼泪走了。

贞观四年（公元630年），太宗告诫各级官吏，不要干既损百姓又损自己的徇私贪污的坏事。为了严肃法纪，对重大的贪污犯均处死刑，在行刑时，诏令各地来京官员观刑。

贞观六年（公元632年）十二月，太宗亲自查看囚犯名册，见有判死刑者，顿生怜悯之心，让他们回家，到第二年秋天回来受刑，接着颁诏天下，凡死刑犯全部放回家，第二年秋天按期到京城。贞观七年（公元633年）九月，所放的死刑犯三百九十人，在无人监督和催促的情况下，都按期来到长安报到，无一人逃跑。太宗下诏，全部赦免。

贞观大治，最典型的是贞观四年（公元630年）。这一年，全国判死刑的人才二十九人，创造了判处死刑最少的年份。这是李世民治理天下的运权大智慧，也是他人性管理的最大成效。

每一个时代的开始，都要来一番"刀枪入库，马放南山"的演习，宣告太平盛世到来，都要着力建设自己的精神文明。李世民能够创造贞观之治的奇迹，也是建设自己的精神文明的结果。

统治者为能更好地统治人民，就必须找一种礼仪来约束人民。唐朝之前，不论是六朝还是隋朝都很注重礼学。礼包括忠、孝、信、义、礼、廉、耻等，说法不一样，本质是一个：培养和造就成千上万的顺民。起着保障国家机器的运转和保证政令通行的作用。礼，也就是我们现在说的章程。

唐太宗在将相心目中有着崇高的威望，但是建章立制是治理国家重要组成部分，不依规矩，不成方圆。

李世民即位之后，贞观初年的君臣共议治国方针时，许多追随李世民在外征战的将领（包括一部分文臣）纷纷主张"宜震耀威武，征讨四夷"，也就是继续以武力对外进行征服，以炫耀大唐帝国的军威和士气。

这些人之所以提出这一主张，固然有"震耀威武"的原因，更主要的恐怕还在于他们对于行军打仗更为在行，而且边境地区仍然面临着一些少数民族的侵扰，所以他们认为借助初唐时期连战连胜的势头，就可以使"四夷"臣服，大唐帝国就会消弭骚乱。

然而，这个主张却遭到名臣魏征的强烈反对。唐太宗问魏征是何缘故，魏征指出："偃武修文，中国既安，四夷自服。"随后魏征又列举了历史上"偃武修文"趋于繁盛的大量实例，使唐太宗欣然接受了"偃武修文"的建议。

唐太宗这一治国方针政策的转变，实际上反映了当时社会发展的需要。由于隋末天下动荡，社会经济凋敝，百姓生活非常贫困，人们渴望有一个安定的社会环境。但是唐朝初年仍处于统一战争时期，百姓所盼望的安定局面并没有到来，直到唐高祖武德七年（公元624年）才基本平定各路豪强，从而为与民休息提供了有利条件。在文化方面，也面临着同样的困境。尽管隋炀帝本人多才多艺，喜好文化事业，但客观现实并不利于学术文化的发展。到唐太宗即位时，天下基本统一，一度处于停滞的文化建设也开始提上议事日程。而且更为重要的是，在人心思定的情况下，以文治国比使用武力征伐更能取得明显成效，也更有利于维护统治集团的利益。显然，唐太宗李世民对上述情况深有了解，因此当魏征提出"偃武修文"的文治方针时，他不顾其他大臣的反对，积极制定政策，努力推行，终于取得显著成效，奠定了"贞观之治"的盛世局面，反映了他的远见性和正确性。

为了推行以文治国的方针，唐太宗首先推出了"尊儒崇经"的政策。自从汉武帝"罢黜百家，独尊儒术"以来，儒家经典学说一直被封建统治者奉为治国安民的指导思想，历代帝王无不尽力倡导，唐太宗当然也不例外。

李渊、李世民出身于关陇世族集团，对于儒学原来并不很熟悉，但为了统治的需要，他们在建立唐朝之后，也逐渐提倡儒学之道。高祖武德二年（公元619年），"令国子学立周公、孔子庙，四时致祭，并博求其后"；武德七年（公元624年），高祖亲至国子学，释奠于先圣、老师；武德九年（公元626年），封孔子的后代为褒圣侯。

唐太宗即位后，又就如何评价与发挥周公、孔子之道的统治作用进行了讨论。唐太宗有一次对大臣说："周、孔儒教非乱代之所行，商（鞅）、韩（非）刑法实清平之粃政。道既不同，固不可一概论之。"大臣魏征立即回答说："陛下言之有理。商鞅、韩非之道只能权救于当时，固非致化之通轨。治理天下臻于盛世，所重者莫过于儒家王者之道！"

对于儒学创始人孔子，唐太宗尤其尊崇。有一次他说："梁武帝君臣惟谈苦空，侯景之乱，百官不能乘马。元帝为周师所围，犹讲《老子》，百官戎服以听。此深足为戒。朕所好者，惟尧、舜、周、孔之道，以为如鸟有翼，如鱼有水，失之则死，不可暂无耳。"认为孔子的儒家学说犹如鸟之翼、鱼之水，不可缺失，这足以说明他是将儒家学说奉为治国指导思想的。

在这一思想指导下，贞观君臣采取了一系列措施来尊儒崇经。《贞观政要·崇儒学》中对此有较详细的记载："贞观二年，诏停周公为先圣，始立孔子庙堂于国学。稽式旧典，以仲尼为先圣，颜子为先师，两边俎豆干戚之容，始备于兹矣。是岁，大收天下儒士，赐帛给传，令诣京师，擢以不次，布在廊庙者甚众，学生通一大经以上，咸得署吏。"可见，不仅对孔子尊崇备至，连一般儒生也得到优遇。之后，唐太宗又诏令尊孔子为宣父，在兖州特设庙殿，拨二十户民家供役。

此外，唐太宗又大力褒扬前代著名的儒学大师，给予他们的子孙以荫官待遇；对于经学大师，则不分南派、北派，"用其书，行其道"，只要对治理国家有所帮助，都兼收并蓄，各取所长。这样就极大地鼓舞了各地学子争相学习，在社会上形成了尊儒崇经的文化风气。

唐太宗尊儒崇经的另一个重要措施就是设置弘文馆。早在武德四年（公元621年），李世民被封为天策上将时，就在秦王府创设了文学馆，以此收聘人才贤士，成为李世民重要的政治顾问决策机构，并在玄武门之变中起到了重要作用。

唐朝当时的情况比较复杂，政治上的统一必然要求所有的东西都趋于统一，礼仪也不例外。但是南北礼学的差距甚大，隋朝曾经下了很大的工夫用于修订礼仪。唐初李渊刚进入长安之时，"天下方乱，礼典湮没"。于是李渊大都沿用了隋礼。唐太宗即位后，就在隋礼的基础上加以革新。贞观二年是礼仪制定的重要时期，房玄龄召集了许多礼仪官员，以隋朝的礼仪为依据，通过对社会的考察，制定了适用于唐朝的礼仪制度。这次制定的礼仪被命名为《贞观新礼》，历时五年，但是还有很多不完善的地方。

贞观七年（公元633年），也就是《贞观新礼》制定没有多久，就发现礼仪制定的很多不足之处，唐太宗于是下令重修《贞观新礼》。为了能修订得更完善一些，他同时任命房玄龄、魏征等人一起参与修订，另外还命人找来当时著名的学者孔颖达、颜师古、李百药、令狐德棻等。

到贞观十一年（公元637年），礼仪再次修订完成，命名《贞观礼》，共有138篇。唐太宗下诏颁布天下，说："广命贤才，旁求遗逸，探六经之奥旨，采三代之英华，古典之废于今者，咸择善而修复；新声之乱于雅者，并随违而矫正。"

唐太宗对礼法也很重视，时时注意自己的言行，尽量让自己符合礼法的规范。他根据周礼对国君死了才避讳做了规定，他认为周文王在世时并没有避讳，春秋时的鲁庄公也没有避讳，所以规定"世""民"两字不连读的都不必避讳，以免引起用字的混乱。贞观中书舍人上表说，看到密贞王李元晓（李世民的弟弟）等人对皇帝的儿子互相下拜（回拜），认为这不符合"礼"的要求，因为他们都是王爵，就要以叔侄相待，不能违背常规。太宗下诏李元晓等人，对吴王李恪、魏王李泰致礼下拜，不能答拜。

贞观四年（公元630年），太宗对大臣们说："近来朕听说京城的官员和百姓，在父母丧期中，有人竟然相信巫书，在辰日那天不哭，这是败坏风俗的行为，违背了人伦礼法，命令州县官员予以教育，一定要按丧礼居丧。"

贞观五年（公元631年），太宗对大臣说："佛道施教化，本是行善的事，怎么能使和尚、尼姑、道士等人妄自尊大，坐着接受父母下拜呢？这是伤风败俗、违背礼法的行为，应马上禁止，要他们向父母下拜。"

贞观六年（公元632年），太宗对房玄龄说："近来山东崔、卢、李、郑四姓，虽然家世已衰落可是还依仗旧时的名望，自称士大夫，每当嫁女给别的家族，都索取大量财礼，以多为尊贵，败坏风俗，紊乱礼法，和他们的地位很不相称，应实行改革。"

唐太宗命高士廉、韦挺、岑文本、令孤德棻等人修订氏族志，高士廉等人仍把崔列为第一等。太宗说："朕对山东崔、卢、李、郑四姓并无恩怨，只因他们累世衰落无人做官，还自称士大夫，嫁娶时又要索取很多钱财。有的人才能低下，还以为门贵而悠闲自得，贩卖祖宗的名望。朕不理解社会上为什么看重地位，士大夫应该立德善事君父，忠孝可称，或者道义素高，学艺宏博，才能成为高尚门第，现在崔、卢这些家族，只是夸耀先辈，怎么能和本朝的大臣们相比呢？你们仍把崔列为第一等，是轻视朕给你们的官爵？"于是崔氏列为第三等。

太宗下诏："不准因自称高尚门第而索取钱财，纠正因自称门第高而不孝敬公婆，从今以后，明白告示，使大家懂得嫁娶的仪式一定要符合礼法。"

同年，礼部尚书王珪的儿子王敬直娶太宗女南平公主。

王珪说："《仪礼》规定了媳妇有拜见公婆的礼节，近代风俗败坏，公主出嫁，拜见公婆的礼节都废了，现在皇上英明，一切都按照礼的原则办事。我接受公主的拜见，不是为了抬高自己，而是要全国树立崇美德的社会风气。"

王珪和妻子在公婆的位置上，命公主拿着帕子，行洗手进食的礼节。太宗听到后非常赞成。从此后，公主下嫁，如父母健在的，都要完成这一礼节。

太宗说："昔日周公相成王，制礼乐，久之乃成。逮朕即位，数年之间，成此二乐五礼，又复刊定，未知堪为后世法否？"

魏征称赞说："拨乱反正，功高百王，自开辟以来，未有如陛下者也，更创新乐兼修大礼，自我作古，万代取法，岂止子孙而已。"

除了官修《五礼》外，还盛行私人的礼学研究，出现了不少著名的"三礼"专家。

谋定中原

唐朝开国奇谋

于是，"礼"制约着各种社会关系。

贞观四年（公元630年）八月，太宗下诏："常服未有等第，自今三品以上服紫，四品五品服绯，六品七品服绿，八品服青，妇人从其夫色。"

太宗爱女长乐公主出嫁，嫁妆的数量是长公主的两倍。魏征认为不合礼法，长孙皇后督促太宗以礼办事，太宗应允。

贞观十一年（公元637年）十一月，太宗在洛阳宫积翠池宴请群臣，赋诗一首：

> 日昃玩"百篇"（指《尚书》），临灯披"五典"。
> 夏康既逸豫，商辛亦荒湎。
> 姿情昏主多，克己明君鲜。
> 灭身资累恶，成名由积善。

魏征也作诗道：

> 终藉叔孙礼，方知皇帝尊。

太宗很高兴，说："魏征一开口，就要我以礼作为行动的准则。"

贞观十二年（公元638年），太宗因诸侯来京朝拜的人都租房子住，与商人杂居，仅能安身，接待之礼不充分，命令用京城的空地，为各州来京的朝使造府第，完工后太宗还亲自去视察。

贞观十三年（公元639年），礼部尚书王珪上奏："按照礼法，三品以上官员在路上遇到亲王，不应该下马，现在都下马，违背了礼法。"

太宗说："你们想抬高自己而贬低朕的儿子吗？"

魏征说："魏晋以来，亲王在三公之下，现在三品和六部九卿给亲王下马，这是不适当的，旧时的礼法没有这样的先例，现在的礼法也无规定。"

太宗说："太子是准备继承皇位的，假若没有太子，就要按同母弟依次立为太子。按这种推断，你们不能轻视朕的儿子。"

魏征说："商朝有兄死传弟的事，自周朝以来，太子必立长子，以断绝庶子非分之想，堵塞祸乱根源。治理国家的人对此要十分谨慎。"

太宗准奏，三品以上官员见亲王不再下马。

贞观十四年（公元640年），太宗对礼官说："同住在一起的人死了，还要为他穿缌麻，而叔嫂间却没有丧服，舅父和姨妈亲疏差不多，丧服却不同，都不合礼法，其余有亲情而丧服轻的，也要上报。"

就在这个月内，八座尚书和礼官研究后上奏："礼是用来判疑惑、定迟疑、辨异同、明是非的，不是从天上来的，不是从地上生的，是人的感情决定的。人们的关系首先在于九族和睦，九族和睦要从最亲的人开始，由近及远，亲属因有亲疏而有差别，丧事的礼数就要依次减少。舅父和姨妈，虽然是同辈，但是从母亲份上看，舅是母本家，姨妈是外姓亲戚，姨妈不在母族之中。现舅丧服三月、姨五月，失掉了根本，应调整。曾祖父母，旧服丧三月增为五月，嫡子妇旧丧服九个月，增加为一年，其他子妇，旧服五个月，请增为九个月，嫂和小叔，过去无丧服，现服五个月，给弟弟的妻子和丈夫的哥哥服五个月，舅父增加和姨妈一样，服五个月。"

同年十二月，太宗对大臣们说："今天是朕的生日，按习惯是以生日为快乐的日子，朕却在思念父母，朕贵为天子，富有四海，想侍奉父母，永远得不到。子路怀着不能为父母居丧的遗恨，实在有道理。《诗经》上说："哀哀父母，生我劬劳。"怎么能在父母痛苦的日子里高兴呢？这太违背礼法了。"太宗的这种观点与传统的习俗不太一样，但他的这种提法确实新颖。

唐太宗即位之后，及时调整了统治方向，由武德年间的重武轻文改变为偃武修文，并采取了相应的措施，因而出现了我国封建社会少有的繁荣盛世——贞观之治，这显然应归功于唐太宗高人一筹的谋略——以武拨乱，以文治国。